社員の
2人に1人

わが社の主戦力は障害者

吉田昭元
YOSHIDA AKIHIRO

幻冬舎MC

社員の
2人に1人

わが社の主戦力は障害者

はじめに

あなたの会社では障害者雇用に取り組んでいますか？

日本では企業に対して障害者の雇用を義務づけています。企業が雇用すべき障害者の人数を定めた「法定雇用率」は徐々に引き上げられており、２０２１年３月１日からは民間企業の場合、２・３％となっています。例えば、従業員数が１０００人の企業の場合、23人以上の障害者を雇用する義務があるのです。

もし、定められた人数を雇用できなければ、人数に満たない分につき、企業は一人あたり月額５万円の納付金を支払わなければなりません。従業員１０００人の会社であれば、１カ月で23人×５万円＝１１５万円。年間では１３８０万円もの金額を支払わなければならず、大きな損失を被ることになります。

そんな厳しい罰則が設けられているにもかかわらず、障害者雇用に取り組んでいる会社の割合は多くありません。

厚生労働省の発表によれば、２０２０年の民間企業における法定雇用率の達成状況は48・6％で、全体の半数以下にとどまっているのです。

障害者は、身体障害者・知的障害者・精神障害者の３つに大きく分類されます。その中でも一般的に難しいといわれるのが、精神障害者の雇用です。

厚生労働省の調査結果（２０２０年6月1日時点）によると、障害者の全雇用者数57・8万人のうち、身体障害者は35・6万人、知的障害者は13・4万人ですが、精神障害者は8・8万人にしか及びません。精神障害者は「うつ」や「発達障害」などの病気を抱える人たちです。

なぜ精神障害者の雇用はこれほど進まないのでしょうか。

精神障害者の雇用に失敗した企業の担当者の口からは「本人のできることとできないことが分かりづらく、どんな仕事を頼んだら良いのか分からない」「すぐに休むので、仕事を頼みづらい」といった声がよく聞かれます。

確かに身体障害者や知的障害者と比べると、「障害」と呼ばれる特性は見えにくく、頼める仕事が分かりにくいといった事情があります。そのため適さない職務を命じられて、効率が下がったり、ミスを連発してしまったりして「使えない」と判断されてしまいがちです。また、外見は健常者と変わらないため、同僚や直属の上司の理解も得られにくく「さぼっている」「集中していない」と誤解されて、結果的に離職につながってしまうというケースが多いのが現状です。

そのため、障害者を雇用したいが、自分の会社には「受け入れる体制がない」「やってもらえる仕事がない」、そう考え、雇用に踏み切れない経営者や人事担当者は多いはずです。

僕の会社は、社員の２人に１人が障害のある人です。しかも、そのほとんどが精神障害者です。そう聞くと社会貢献性が高く、儲けは二の次なのだろうと思われる方も多いかもしれませんが、会社は創業以来、右肩上がりに成長を続け事業を拡大しています。そして、その成長の一翼を担っているのは、精神障害者たちなのです。

僕の会社では、障害者である社員たちが事務作業をはじめ、音楽や美術講師、デザイン、ドローンによる動画制作、リサーチ業務など、多様な職種で活躍しています。中には、ドローン操作にずば抜けた才能を発揮した障害者もいて、彼が始めた新規事業が自治体に認められ、年間契約を受注するなど、大きく成長を遂げたケースもあります。障害者が強力な戦力となって、新たな事業を生み出し成長させているのです。

本書では、僕の会社の事例を交えながら、障害者雇用を成功させるためのポイントとなる、適職への配置、環境の整え方、コミュニケーションのコツ、フォローアップの方法について、実践例を紹介します。障害のある人をサポートする側の心構えとして大切なのは、障害のある人を既存の会社の枠組みに組み込もうとするのではなく、障害のある人が持っている能力を十分に発揮できるように、職場の環境を整えることです。

今、多くの会社は「法律で定められているから障害者を雇用しなくては」という、切羽詰まった状況からスタートし、障害者の特性を理解せず雇用してしまい失敗しているのが現状です。その発想を転換し、障害者を「コスト」として採用するのではなく、「戦力」として考えれば、障害者雇用は決して難しくありません。

障害者が原動力となって成長する会社が増えたら、日本の社会はもっともっと良くなるはずです。

本書がそのきっかけとなれば障害者支援事業を行ってきた経営者として、これに勝る喜びはありません。

なお、障害のある人に配慮して一般的には「障がい者」と表記するものをよく目にしますが、本書では「障害者」と表記しています。これは厚生労働省の公的文書の表記に倣ったものであり、僕が「障害」を「悪いこと、劣っていること」と考えていないことから、過度な配慮を加えず、あえて公的な表記で統一しています。

第2章
高い離職率、頻出する社内外トラブル……障害者雇用は難しい!?

第3章

障害者でも特別扱いは一切禁止！
各障害の特性を活かした
適材適所で能力を最大に引き出す

第4章

100人を〝デキる社員〟へ！
生産性を最大限高めるための、障害者社員との接し方

第5章

定着率94%を実現！
障害者が安定して働けるフォローアップ体制の構築

第6章
障害者は「コスト」ではない、貴重な「戦力」だ！

第1章

社員の2人に1人！

障害者100人を雇用して業績を上げ続ける会社

社員の2人に1人！　障害者100人を雇用する会社をプロデュース

「皆さんのＰＲ動画は、大阪の知られざる棚田の魅力を余すところなく伝えてくれました。吉田社長！　どうか今後も大阪府の美しい景観を世界に発信してください」

大阪府庁舎で府知事から熱いメッセージが贈られ、事業連携協定を結ぶ締結式が行われました。

２０１９年12月、大阪府が「ビュースポットおおさか発掘・発信プロジェクト」で公募したＰＲ動画で、僕の会社の動画が評価され、正式な事業として委託を受けることになったのです。

この動画を生み出したのは、ある１人の「障害のある社員」でした。

彼は入社後にドローンと出会い、その魅力にはまりました。独学で操作を学び、みるみるうちに一流の操作技術と動画の編集制作のノウハウを習得。大阪府のＰＲ動画の公募があることを知り、応募して業務委託を勝ち取ったのです。

これをきっかけに、彼は動画制作部門のリーダーとして新しい仕事を請け、意欲的に事業を拡大しています。

彼だけではありません。僕の会社では、音楽やデザイン、リサーチ業務など、多様な専門職種で障害を持った社員が活躍しています。

僕の会社は2人に1人が障害のある社員です。

どうしてそれほど障害者が活躍しているのか。それは僕の会社の成り立ちと関係しています。

会社を創業する時、僕には1つの思いがありました。それは、「すべての人にチャンスを与える会社にしたい」ということです。

僕は、幼い頃から決められた規律に従うことが苦手で、集団生活になじめませんでした。そんな僕をなんとかしつけ、いわゆる「エリートコース」を歩ませようと、母は必死に教育をしました。

そんな母に反抗した僕は、14歳で中学校を早々にフェードアウト。家出して建設業の親方に拾ってもらい、住み込みで働きだしました。未成年ですから、小遣い程度しかもらいませんでしたが家賃もなく、三食食べさせてもらえるため、次第にお金は貯まっていきました。18歳になる頃には、ある程度まとまったお金が手元にあったのです。そんなある日、現場で釘を踏んでケガをしたのをきっかけに、このまま一生、現場で働くことはできないと思い立ちました。

そして貯金を下ろし、英語を学ぶために、僕は単身であてもなく海外に留学しました。一般の人から見ると、相当な変わり者で、突飛な行動ばかりとる少年でした。

そんな僕を理解してくれた大人もいましたが、ほとんどが「変わった奴」と見なし、いわば〝正しいルート〟からはずれた人間として冷たくあしらわれました。

学校に真面目に通い、卒業して就職する。それが大多数の人が選ぶ正しい進路であり、一度そこから道を踏み外し、挫折したりしてしまうと、再チャレンジが難しい。社会の現実を痛感して生きてきたのです。

だからこそ僕は一緒に働く社員に対して、本人の肩書や経歴などにとらわれず、光る才能さえあれば、誰にでもチャンスが与えられる会社をつくりたいと思ったのです。

そうして創業から10年近く経った今、僕の会社は障害のある人を100人も雇用するに至っています。決して「障害のある人を積極的に採用しよう」と思ったからではありません。「才能がある」と思った人を社員として受け入れていたら、自然とこのような会社になっていたのです。

とはいえ、僕も最初からいきなり障害者雇用に踏み切ったわけではありませんでした。

僕の会社はもともと企業の人材研修業を行っていましたが、顧客に放課後等デイサービス事業所があったことがきっかけで、デイサービス事業に社会的意義を感じて参入しました。

放課後等デイサービスとは、障害のある子どもたちが自分に合った自立ができるように、いろいろな活動を通して療育（一人ひとりの成長のサポート）を行う福祉サービスで、放課後や長期休暇中に利用できます。放課後等デイサービスの対象は、学校に通っている6歳から18歳までの障害のある子どもたちです。子どもたちはデイサービスの中で、勉強や遊び、社会見学などのプログラムをこなしながら、社会性や生活能力を身につけていきます。2012年4月に児童福祉法の改正によって始まったこのサービスは、放課後の子どもの居場所になることから「障害児の学童」とも呼ばれています。

障害を抱える子どもたちは、それぞれに光る才能を秘めています。僕は、社会で〝正しい〟といわれていることに当てはめず、その子の才能を伸ばすことを重視して運営してきました。

しかし、ある時デイサービスに子を通わせる母親から「あなたは無責任です」と非難されたのです。デイサービスには、18歳までしか通えません。その後、社会に出てからの人生のほうがずっと長い。社会のルールに従えない子の人生に責任を持てるのかと。

確かに、その母親のいうことは正しいことです。僕は自分の母の姿とも重ねました。母もきっと同じ気持ちだったんだろう。僕は見事にルールから逸脱し、人にいえないような失敗を重ね、自分で頭を打って、ようやく分かったことがたくさんありました。

そうであれば、僕自身が誰にでもチャンスが与えられ、才能を発揮できる環境をつくろう。そう思い立ち、その第一歩として社会と障害者をつなぐ「就労支援事業所」を開設したのです。

現在は障害者の就労支援事業や、障害児支援事業、放課後等デイサービス、フリースクールの運営事業を行っています。

就労支援事業所では、障害のある人が社会に出て働くための練習を行います。就労支援事業所には、就労継続支援事業所や就労移行支援事業所があります。

就労継続支援事業所は、障害や難病によって一般就労することが難しい人や一般就労に不安を感じている人が、働きながら就労に向けた訓練を受けられる場です。これは１９７６年に「障害者雇用促進法」が施行されたと同時に始まったサービスで、Ａ型事業所とＢ型事業所の二種類があります。

Ａ型事業所では「一般企業で働くのは難しいけれど、サポートを受けながらであれば継続して働ける」という人が、事業所と雇用契約を結んで労働者として働きながら、一般就労のためのスキルを身につけることができます。一方Ｂ型事業所では、年齢や体調などの関係で雇用契約を結ぶのが難しい人が、パソコンを使った事務仕事などの比較的簡単な作業を行いながら、自分のペースで就労訓練を受けられます。

A型事業所は18歳以上65歳未満の人でないと利用できませんが、B型事業所には年齢制限がありません。また、A型事業所では雇用契約を結ぶので、利用者は最低賃金以上の給料をもらうことができますが、雇用契約を結ばないB型事業所では、作業した分だけ工賃がもらえる仕組みになっています。

利用者が働きながら就労訓練を受ける就労継続支援事業所と違い、就労移行支援事業所は、一般企業への就職を希望する利用者に対して就職支援をする場ですので、賃金は発生しません。就労移行支援事業所の利用者は、職業訓練や職場探し、就職後の定着支援などのサポートを受けることができます。ちなみに、職業訓練ではビジネスマナーやパソコンの使い方、基本的な読み書きや計算、履歴書の書き方などを学ぶことができます。就労移行支援事業所は、2014年の「障害者総合支援法」に基づいて運営されていて、18歳以上65歳未満の障害のある人のうち就職を希望する人が対象です。また、利用できる期間は最長2年と決まっています。

就労支援を行う多くの事業所では、軽作業など誰でもできる簡単で単調な仕事を教材として用意します。

当初は僕も、内職のような軽作業を用意したのですが、自分自身がそのような成長性に乏しい作業に興味が湧かなかったこと、また、社会保険労務士の友人が大量の書類作成に振り回されていることを知っていたことから、書類の入力作業を請け負い、就労支援事業所で取り入れてみました。

するとそれまで休みがちだった障害者が、人並みはずれた集中力を発揮し、正確に素早く、公的な書類の入力作業をこなすようになったのです。

そこで僕は「僕自身も世間の常識にとらわれていたのではないか」と気づきました。障害者一人ひとりの特性、つまり「才能」に着目したら、彼らはとてつもなく魅力的で有能な人材なのです。

そうして僕の会社でも、講師や障害児のサポート役などの人材として障害のある人を積極的に雇用し始めました。さらに、総務や広報担当にも彼らの活動範囲は広がり、今では役員として会社を担う人もいます。

つまり、障害者が好きなことや得意なことを活かして仕事をすることで、僕の会社は、創業以来右肩上がりの成長を続けています。まさに彼らが会社を引っ張ってきたのです。

確かに障害のある社員は、コミュニケーション力や集中力など何かしらの面において、苦手を抱えています。しかし障害の特性を活かせば、ほかの人よりも優れた能力を発揮できるのです。

僕の会社には、すべての面において評定「3」以上を取るような社員はほとんどいないかもしれません。しかし、ほかが「オール1」であっても、みんなたった1つの「5」を持っています。その「5」の集合体としての会社はとても強い。その強みを活かして事業を拡大し続けているのです。

〝パソコン〟という得意分野で社内に欠かせない存在に

Aさんは20代後半でうつ病を発症しました。原因は職場の人間関係のトラブルでした。うつ病治療のために通院やカウンセリングをする中で、そのベースには発達障害があることが分かったのです。

Ａさんは社会復帰のため、就労継続支援Ａ型事業所に通い始め、そこで能力を発揮。やがて入所者のリーダーを任されるようになりました。

Ａさんの活躍を知った僕は、Ａさんに正社員として入社していただき、シフト管理や業務の進行管理などのシステム担当として活躍してもらっています。

発達障害には、興味関心の幅が狭く、こだわりが強いという特性がありますが、それは得意分野に精通しているという長所です。

Ａさんの得意分野はパソコン作業でした。パソコンに関する知識が豊富で、パソコンの操作やエクセルの関数、システム作成などに精通しています。会社では、デスクトップパソコンにモニターを３台つなげて煩雑な作業を効率良くこなし、ほかの職員の仕事の割振りや社内の情報を一元化するシステムづくりにまで力を発揮してくれています。

また事業所内だけでなく、グループ企業の中でもパソコンについて困ったことがあれば、まずＡさんに聞いてみるというような雰囲気ができています。

最近では、職員やほかの入所者への研修の講師も務めています。Ａさんがつくるマニュアルは具体的な説明はもちろん、見栄えが良く、誰が読んでも分かりやすいと受講者からも高い評価を得ています。

企業で培った正確さとスピードが活きる

Ｂさんはもともと管理職を務めていた人物です。コールセンターや物販の管理をしていて、クレーム対応や部下への教育、指導などを行っていました。

人間関係のストレスから精神が不安定な状態になり、病院を受診したところ、医師からはうつ症状であることを指摘されました。最終的には「躁うつ病」という診断を受けたのですが、当初は病気のことをなかなか家族に素直に打ち明けられなかったのだそうです。

そんなＢさんは知人に紹介されて、就労支援事業所に通い始めました。その後、その事業所の紹介で僕と面談を行い、もう一度働くことに挑戦してみようと前向きな気持ちになり、僕の会社への入社を決意するに至ります。

入社後は、厚生労働省関連の手続きの補助を担当することになりました。

前職とはまったく畑違いの仕事であったため、本人はすんなりとはなじめなかったと話しますが、責任を持って業務をこなし、周囲からの信頼を得ていきました。Ｂさんの仕事ぶりは正確で、しかもスピーディーであったため、上司や同僚からの評価も高く、すぐに社内でも大事な業務をメインで任されるようになりました。

Ｂさんの几帳面さと1人で黙々と取り組む集中力が、正確さが求められる書類を作成する業務に向いていたのです。さらにＢさんは、効率的でミスの出ない進め方をマニュアル化しました。

今では新入社員へ自ら声掛けをするなどし、チームワークを意識した仕事ぶりで、部署に欠かせない存在となっています。前職で多くの部下の指導にあたっていた経験と、Ｂさんの優しい人柄もあって、部署の中でもみんなから頼りにされています。

Ｂさんは、前職に就いていた頃には「自分で決定しないといけない」という不安に苛まれることが苦痛だったと語っていましたが、今は頭がすっきりした状態で業務に取り組めているそうです。

ストレスの多い現代社会の中で、Bさんのように、もともとは一般企業で活躍していたものの、なんらかの環境的原因により精神疾患を発症し、以前と同じように働けなくなってしまうというのは、珍しいことではありません。しかし、そうした方を積極的に登用すれば、これまでに培ってきた経験やスキルを発揮してくれ、企業には大きなメリットをもたらします。Bさんはその典型的なケースです。

〝聞く力〟で保護者からの信頼の厚い児童指導員

Cさんは工場で現場作業をしていた際に、くも膜下出血で倒れ、その後遺症で難聴になりました。

補聴器をつけることで、通常の場面であれば、問題なく人の話を聞き取ることができますが、周囲が騒がしかったり、声が小さ過ぎたりする場合は聞き取りにくいこともあります。そういう場合はもう一度聞き返すことで、問題なくコミュニケーションを取ることができています。

もともと子どもが好きだったCさんは、児童発達支援の仕事に興味を持つようになり、僕の会社が経営する放課後等デイサービス事業所に勤め、記録作成や清掃業務などにあたるようになりました。

放課後等デイサービスは、さまざまな障害の特性を持った子どもが通ってくる場です。そのため、当初は人見知りや場所見知りのために、職員に反抗的な態度をとったり、なかなか話をしてくれなかったりする子どももいます。

そういった子どもたちと根気良く向き合っていくのは大変な仕事で、なかなか定着が難しい職場なのです。

しかしCさんは、難聴を補うために、普段から相手の話を良く聞こうとする「傾聴力」が優れていて、子どもたちの変化や悩みにもよく気がつきます。そのため、子どもたちが早く場に慣れて、心を開いて楽しんでくれるようになるのです。そうしたＣさんの真剣に児童と向き合う姿勢は、子どもたちからだけでなく、保護者からも頼りにされており、現在は児童指導員として一般雇用で活躍しています。

世の中には多くの才能が眠っている

ここまで、僕の会社で活躍している人のほんの一部を紹介してきました。

実は障害のある人の中には、就労の機会を得ることができないまま、自分の能力を活かせずにいる人がたくさんいます。また、優秀な能力を持っていても、病気が原因となって発揮できなくなってしまう人もいます。

前で紹介したＡさんの例でいえば、発達障害で一度は、就労が難しくなったものの、その特性を活かせる適職を見つけたことで、実績を積み重ねることができました。Ａさんは自分自身がコミュニケーションで苦労した経験を活かして、的確な指示を出すことができるため、周囲から絶大な信頼を得ています。伝える力が磨かれて、研修の講師を任される立場にもなりました。それらに加えて、パソコンについての豊富な知識も活かされ、周囲から頼られる存在になっています。

Bさんの場合は、躁うつ病であることを家族にもなかなか打ち明けられず、勤めていた会社を退職したあとは、病気や年齢という壁もあり、せっかくの職務経験を活かすことができずにいました。しかし、僕の会社で新たな仕事と出会い、再び力を発揮することができるようになりました。

Cさんの場合は、難聴というハンディキャップがありながらも、「子どもが好き」という自分の好きなことから出発して、前職とはまったく違う職種で活躍できるようになりました。現在はほかの指導員を引っ張るリーダーにまで成長しています。

世の中には就労の機会を得ることなく眠っている才能が、まだまだたくさんあるはずです。就労の場さえあれば、もともと持っていた才能が開花することもありますし、障害のある人自身すらも気づいていなかった才能が見つかることもあります。

人は得意なことがあれば、苦手なこともあります。それぞれが自分の得意なことを活かしながら働くことで、会社として高いパフォーマンスを出すことが可能なのです。

むしろ、これまで社会の中で生きづらさを感じてきた人ほど、眠っていた自分の能力を活かして会社で輝いているように見えます。

僕の会社では障害者の特性をマイナスにとらえていません。それぞれの障害の特性を、「個性」や「才能」として評価しているのです。

第2章

高い離職率、頻出する
社内外トラブル……

障害者雇用は難しい!?

絶えない障害者雇用での失敗

僕の会社では、障害者がその才能を発揮し、うまく会社の成長につながる仕組みをつくることに成功しています。

しかし日本全体を見た時、障害者雇用に積極的に取り組んでいる会社は、決して多いとはいえません。特に、精神障害者の雇用について、その傾向が明らかです。

エン・ジャパンの「障がい者雇用実態調査２０２０」で、障害者雇用の方針について尋ねたところ、障害者を「積極的に雇用したい」と答えた会社は５％にとどまっており、企業の消極的な姿勢をあぶりだす結果となりました。

企業がその重い腰を上げて障害者雇用に乗りだし、運よく採用にまで漕ぎ着けたとしても、定着までの道のりはさらに険しいものがあります。

２０１７年に独立行政法人高齢・障害・求職者雇用支援機構がまとめた「障害者の就業状況等に関する調査研究」によれば、障害者雇用において、採用してから１年を経過した時点の定着率は、身体障害者が60・8％、知的障害者68％、精神障害者が49・3％という数字になっています。いい換えれば、障害者の「離職率」は身体障害者が39・2％、知的障害者が32％、精神障害者に至っては50・7％ということになります。

現在の日本の平均離職率が15％程度であることを考えると、ずいぶんと高い数字になっており、中でも精神障害者については、特に離職率が高いことが分かります。

なぜ、障害者雇用はこれほど離職率が高く、定着が難しいのでしょうか。

厚生労働省の「平成25年度障害者雇用実態調査」で離職理由を見てみると、精神障害者の事業主の都合による離職は全体の16％で、個人都合の離職が半数以上を占めています。

具体的な理由としては、次のような内容が挙がっています。

・職場の雰囲気・人間関係（33・8％）
・賃金・労働条件に不満（29・7％）
・仕事内容が合わない（自分に向かない）（28・4％）
・疲れやすく、体力・意欲が続かなかった（28・4％）

・作業、能率面で適応できなかった（25・７％）
・病状が悪化（再発）した（25・７％）

離職理由として多いものから見ていくと、「職場の雰囲気・人間関係」が３割を超えています。実際に、障害者雇用をしたものの失敗したケースでは、職場の人間関係のトラブルが原因だったという声がよく聞かれます。

また、「賃金・労働条件不満」も約３割となっています。

障害者雇用の賃金を見てみると、精神障害者の１カ月の平均賃金は、15万９０００円（超過勤務手当を除く所定内給与額は15万４０００円）です。

週所定労働時間別に見ると、通常（30時間以上）の人が19万６０００円、20時間以上30時間未満の人が８万３０００円、20時間未満の人が４万７０００円でした。

確かに、これでは決して賃金が良いとはいえません。

そして「仕事内容が合わない」という回答も上位に挙がっています。

障害のある人はどのような仕事を任されているのでしょうか。障害によって多少の差がありますが、同調査によると、事務的職業や運搬・清掃・包装等の職業に就いている人の割合が多くなっています。

これらの職業が本人の障害の特性に合っていれば良いのですが、そうでない場合には、いつまで経っても作業精度や効率が上がらず、本人も周囲も大変な思いをすることになります。場合によっては、無理をして症状が悪化してしまうこともあります。

障害者雇用では、採用することはもちろん、その後の教育や定着のための取り組みも大切です。それにもかかわらず、企業が法定雇用率をクリアしようという目的だけのために、障害者を理解せず、十分な準備をすることなく見切り発車で雇用を進めてしまうとトラブルが生じやすくなります。

また、一度失敗してしまうと、現場の理解を得ることはより難しくなり、障害者を雇用することを諦めて、罰則金を支払い続けることになりかねません。

前述のエン・ジャパンの調査によれば、「なぜ障害者雇用をしていないのか」という質問に対して、障害者雇用をしていない会社の４割以上が「以前に雇用したが、うまくいかなかったから」と回答しています。障害者雇用に挑戦したものの失敗した会社の多くが、その苦い経験から、再チャレンジができずにいるという状況も見えてきます。

しかし、だからといってそのまま何もしなければ、障害者雇用を推進しようという世の中の流れから、どんどん置いていかれることになってしまいます。

失敗の原因① 適職への配置ができていない

なぜこれほど多くの会社が障害者雇用に失敗してしまうのか。

一つ目の原因は適職への配置ができていないということです。

企業から障害者雇用の相談を受ける際、障害者雇用に消極的な会社の採用担当の口から出てくる本音は「手の掛からない人が欲しい」というものです。これは、障害のある人を「お荷物」と考えていることが分かる発言です。

そういった姿勢の会社は、雇用した障害者に任せる仕事として、誰でもできるような軽作業を用意します。

例えば、廃棄する書類のシュレッダーがけや、コピー用紙の補充などです。

これらは、業務を教える側も負担が少なく、ミスが起きにくい性質の仕事です。さらにいうなら、仮にミスが起きたとしても、ほかの人の仕事に影響がほとんど出ないような、いわば「どうでもいい」業務です。

障害の特性によっては、こういった単純な繰り返し作業が得意だというタイプの人もいます。しかし、同じことの繰り返しを苦痛に感じるタイプの人にとっては、単純作業や軽作業を終日こなすことは、相当なストレスになります。

それ以上にせっかく働いているのに、自分の仕事がどんな役に立っているのか、またその業務を通しての成長も考えられないため、やりがいを感じることができません。自分は本当にこの会社に必要とされているのか、仕方なく雇われているのではないかという疑心暗鬼に陥り、早期離職につながります。

障害者雇用で、こういった失敗が起きてしまうのは、障害のある人を「障害者」として一括りにして、「使えない」と決めつけた見方をするためです。

中でも、身体障害や知的障害はできることとできないことが、目に見えて分かりやすいという面がありますが、精神障害については、障害の特性が外からはなかなか見えにくいため、「扱いにくい人材」と誤解されてしまいます。

加えて、精神障害においては、個人差が大きく、同じ診断名であっても、特性やその度合いはさまざまです。

例えば、「発達障害」の中に、「自閉スペクトラム症（ASD）」というものがあります。これは、かつては「自閉症」「高機能自閉症」「広汎性発達障害」「アスペルガー症候群」と呼ばれていたものです。自閉スペクトラム症には、一般的に次のような特徴があるとされています。

・他者の気持ちを想像することが難しい
・同じパターンにこだわる傾向が見られる
・急な予定の変更への対応が苦手

・偏食の傾向がある
・同じ服を着ることにこだわる
・比喩や冗談が通じにくい

しかし、一人ひとりの個性が違うように、同じ診断をされていてもどの特徴がどの程度強く出ているかということは人によってそれぞれ異なります。

また、同じ「発達障害」と呼ばれるものの中に「注意欠如・多動症（ＡＤＨＤ）」があります。

注意欠如・多動症と聞くと、落ち着きがなく、じっとしていられない人と思われがちですが、タイプにより特徴が異なり、一見落ち着いてじっくり仕事に向き合っているように見えても、注意力が散漫な人などもいます。また、人によっては、自閉スペクトラム症と注意欠如・多動症の両方の特徴を持っている場合もあります。

そのため、採用の面接の際には、障害の特性について丁寧にヒアリングし、何ができて何ができないのか、得意なことは何で、どんなことが苦手でサポートが必要なのかなどをきめ細かく把握しなければなりません。

ただ、僕から見れば障害者だからといって、特別な面談が必要なのではなく、一般採用の面接でも、本来なら同じように本人の特性を見極めることも必要だと思うのです。

その人のマイナス面ばかりを見るのではなく、〝才能〟に焦点を絞ってみれば、もっと簡単に適性を見極めることができます。

つまり、適職への配置に失敗する要因は、人によって障害の特性やその人の持っている才能はさまざまであるのに、企業側が「障害者」と一括りにして考え、型にはまった対応をしてしまい、せっかくの才能を活かせていないことに尽きると思います。

障害のある人が、働こうと決意して採用の面接の場に来るまでには、僕たちが思うよりもずっと大きな不安を乗り越えてきています。これから自社の戦力として活躍してくれる可能性を秘めた人材なのだという認識で接し、どのような能力があるのか、どんなサポートが必要なのかをヒアリングしていくことで、会社も障害者本人も幸せになれる障害者雇用が実現します。

失敗の原因② 障害の特性に合ったマネジメントができていない

障害者雇用が失敗する原因の二つ目は、障害の特性に合わせたマネジメントができていないということです。

障害の特性は人それぞれです。その特性に合わせずに、画一的な対応をしてしまうと、コミュニケーションが噛み合わなくなります。そうすると、障害のある人自身が大変な思いをするのはもちろん、その教育担当者にも必要以上の負荷が掛かります。

よくありがちなのは、現場での意思疎通がうまくいかずに、離職につながるというケースです。最悪の場合、教育担当としてついた現場の社員までもが疲弊し、部署全体のパフォーマンスが落ちるということにもつながりかねません。

そのような事態を招く原因の一つは、その人の個性や人柄はもちろん、障害の特性についての知識や理解が、現場の社員に共有されていないということです。

障害は、頑張れば克服できるという質のものではありません。それにもかかわらず、障害に関する知識のない人の中には、「仕事ができるようにならないのは努力が足りないせいだ」とか、「ちゃんと話を聞いていないからできないのだ」というように考えてしまう人がいます。そういった誤解を解くために、まずは、採用した人の障害についての正しい情報を共有する必要があります。

障害に関する情報はデリケートなものであるため、どこまで知らせれば良いのかと迷うこともあるかもしれません。しかし、「障害者雇用」として雇い入れる以上、すべての情報を伏せた状態で進めることは困難です。障害者を受け入れる部署については、最低でも直属の上司と、教育にあたる担当者には確実に情報を伝え、理解を得ておくことが大切です。

障害のある人と接する際には、障害の特性に応じた、最適な伝え方や接し方があります。障害のある人と仕事で関わる可能性がある社員には、事前に最適なコミュニケーション方法のポイントを共有しておくことで、余計な摩擦を最小限にすることができます。

また、職場環境を整えておくことも大切です。特に、五感が過敏なタイプについては、普通の人がまったく気にならないようなことでも大きなストレスになることがあります。

例えば、音に敏感なタイプであれば、周りの同僚が気にも留めないレベルの音が、耐え難いノイズとなることもあります。

そういった情報は、採用面接の時などに漏れなく聞き取り、「合理的な配慮」をしていかなければなりません。そうした理解のうえで、その人が能力を発揮しやすい環境を整えれば、ほかの人材以上の高い能力を発揮してくれるのです。

ただ、面接の場では、障害者本人が遠慮してしまって自分がどのような配慮をしてもらいたいのかをいいだせないこともあります。採用面接を担当する社員が事前に障害についての知識を身につけておけば、そのような場合でも必要な情報を聞き取ることができるでしょう。

ただ、面接の際に障害者側から配慮の必要な事柄を伝え、企業側も環境の改善を約束していたにもかかわらず、入社してみたらまったく配慮がされていなかったということはあってはなりません。障害のある人にとっては働きづらいばかりか、会社への不信感となり、早期離職につながるからです。

失敗の原因③ フォローアップ体制が整っていない

障害者雇用が失敗する原因の三つ目は、フォローアップ体制が整っていないということです。

障害者雇用は採用すればそれで終わりというわけではありません。せっかく雇用したからには、能力を発揮し、長く働いてもらうことを目指すべきです。

障害者雇用では、一般の採用に比べて、教育に時間と手間が掛かります。特に初めて障害者を雇用する場合であれば、分からないことも多く、手さぐりで進むことになるでしょう。

よくある失敗は、現場の教育担当者に任せきりになってしまうというケースです。

障害者雇用を進めていくうえで、職場に「キーパーソン」となる人物がいると、スムーズな定着につながります。キーパーソンとなるのは、現場の教育担当の社員かもしれませんし、同じ部署の年齢の近い社員や、趣味などの共通の話題がある人かもしれません。何かあった時に相談できる相手がいれば、障害者本人も心強く、会社側も何かトラブルがあった時に早期に気づき対処できます。

障害のある社員と教育担当の社員との間で、最適な形でのコミュニケーションが行われ、信頼関係を築くことができれば、その障害者雇用は成功したように見えます。

しかし、会社である以上「人事異動」は避けて通れません。

せっかく職場になじみ、仕事にも慣れ、信頼関係もできたところへ、突然、教育担当の異動を知らされると、それがきっかけとなって混乱してしまい、出社できなくなるというケースがあります。

これは、フォローアップが属人的になり過ぎていたために起こる失敗です。

本来は、人事、現場の上司や担当者などがチームとなってフォローアップを行っていくのが理想です。障害者本人を交えた定期的な面談ができていれば、さまざまな情報がその都度共有され、誰かが異動などで抜けたとしても、引き継ぎもしやすくなります。

それに加えて、外部支援機関を上手に活用することも重要です。

厚生労働省が行っている政策に、「職場適応援助者（ジョブコーチ）支援事業」というものがあります。職場にジョブコーチが出向いて、障害の特性を踏まえた専門的な支援を行うというもので、障害者が職場に適応し、定着できるようにするための事業です。

ジョブコーチは障害者には同僚との関わり方や作業の効率的な進め方をアドバイスしてくれますし、事業主には、障害特性を踏まえた仕事の教え方や、障害者が力を発揮しやすい作業の提案をしてくれます。

特に、初めて障害者雇用を行う場合は、社内に障害者に関する知識やノウハウの蓄積がまったくないことがほとんどです。専門知識を持った外部のジョブコーチの助言を得ることで、定着につなげ、能力を存分に発揮してもらうことができます。

また、障害者雇用が進み、障害のある人を複数雇用するようになってくると、部署を超えて、同じ障害のある人同士で支え合える「ピアサポート」の体制を築くこともできるでしょう。

第3章

障害者でも特別扱いは一切禁止！

各障害の特性を活かした適材適所で能力を最大に引き出す

本当に「会社内に適切な仕事がない」のか？

障害者雇用に成功し、会社の戦力として活躍してもらうためには、障害の特性に合わせて適職に配置すること、障害の特性を理解したうえで、最適なコミュニケーションを取ること、フォローアップのためのチーム体制を整えることの3点に配慮しなければなりません。

厚生労働省の「平成30年度障害者雇用実態調査結果」によれば、障害者を雇用するにあたっての課題としていちばん多かったのが「会社内に適切な仕事がない」という回答でした。つまり、障害者雇用に取り組もうと考えて社内を見渡した時に、障害者に任せられる仕事がないと考えている会社が多いということです。

しかし、本当にそうなのでしょうか。

ある業務に対して、それが合っているかどうかの最終判断をするのは障害者本人であるべきで、企業側が勝手に推測することではありません。

その業務が合っているかどうかは、障害者が教育担当とコミュニケーションを取りながら仕事に取り組む中で、本人が自覚していきます。

この仕事は障害者には難しいだろうとか、このスキルを習得するのは大変だろうという思い込みを捨てれば、新たな視点を持って、障害のある人に任せられる業務に気づくことができるはずです。

障害者が能力を発揮して活躍する業務を見つけるヒントになるのは、障害のある人自身が何に興味があるのかということや、何が得意なのかといったことです。採用面接等のヒアリングによって、本人の興味のあることや得意なことの延長上にあるような仕事を見つけられれば、その人は会社で輝くことができます。

僕の会社で働いている人の例を挙げれば、自身の障害とうまく付き合いながらも、デザインなどのクリエイティブな才能を発揮して活躍している人がいます。また、本人も障害がありながら、同僚を指導するリーダー的な立場として活躍している人もいます。

特に障害者雇用で失敗する会社の特徴は、「手の掛からない人」を採用しようとすることです。どの会社でも、通常の採用の場合は、人手が必要な職種があって、その職種や部署に合いそうな人材を探すという形で採用を進めているはずです。

しかし、障害者雇用になった途端、障害者を雇用することが目的になってしまい、「誰でもできそうな仕事」を捻りだし、「トラブルを起こすことのなさそうな人」を採用しようとしてしまうのです。そのような消極的な方針では、会社の戦力になるような人材を採用することは難しくなります。

障害者雇用において会社の戦力となる人材は、ある1つの分野に突出している分、ほかの面で社会への適応が難しいというような凸凹を持っています。「手の掛からない人」を採用しようとする姿勢でいると、突出した、宝のような才能の持ち主を逃してしまうことになりかねません。

実は、僕の会社で活躍している障害のある人たちも、入社当初から能力を十分に発揮できていた人ばかりではありません。中には、最初に任された仕事に興味が持てないことが勤務態度に表れて、周囲の手を煩わせていた人もいます。

しかし、障害の特性に合った環境を整え、無理なく働くうえで必要な習慣を身につけ、周囲が適切な方法でコミュニケーションを重ねていくことで、勤務態度は次第に変化していきました。

最初は、心を閉ざしていて、周囲とプライベートな話をまったくしなかった人でも、徐々に心を開いて、職場になじんでいったケースもあります。そうしたプロセスを経て、仕事にも熟達し、周囲とも良好な関係を築けるようになって、やがて職場になくてはならない人材になっていくのです。

また、最初に就いた職種では障害の特性のためにうまくいかなかったとしても、その経験を活かして、自分に本当に向いている仕事にたどり着くことができた人もいます。

障害者雇用では、すぐに最善の結果を得られるとは限りません。長い目で見て試行錯誤していくことで、障害のある人が輝ける仕事をさぐり当てることができ、本人にとっても会社にとっても良い結果をもたらすことになります。

仕事ありきの採用が適職への配置の第一歩

これまで、日本の会社の採用は、自社の企業文化になじみそうな新卒の若者を終身雇用という形で確保し、社内で教育して定年まで勤め上げてもらうというのが一般的でした。一度採用すれば、40年近く自社で働くことが前提となっていたので、入社時には特に何のスキルも持っていなかったとしても、入社してから会社がお金と手間を掛けて育て上げるというシステムが成り立っていたのです。

そのシステムに綻びが出始めたのが、バブル経済の崩壊後でした。終身雇用が当たり前ではなくなり、不況下で人員整理のリストラが行われ、徐々に欧米のような雇用形態に移行する会社が増えました。転職をすることも当たり前になり、中途採用では即戦力が求められるようになりました。

さらに２０２０年に全世界を揺るがした、新型コロナウイルス感染拡大です。緊急事態宣言が発出され、飲食業を中心に多くの非正規雇用の方々が苦境に立たされましたが、これにより「会社」や「社員」に対する考え方も大きく変化しました。

リモートワークの浸透、ワーケーションの導入、Wワークの推奨など、会社と社員の結びつきは薄れ、企業は必要なスキルを持った人材を必要に応じて活用するという考えに大きく変化しています。また、働く人の意識も変化し、自分の得意分野を活かして自由に働くように変わっていきます。かつてのように、新卒で均質な人材を同時期に採用して一斉に同じ場所で教育するという形の雇用は減っていくでしょう。

ある仕事にふさわしい人物を、必要に応じて採用する。

リモートワークも可能という形の雇用であれば、障害のある人が、他人と相対的に比べられることなく、自分の働きやすい環境で、自身の突出した能力を存分に活かすことができます。

いい過ぎかもしれませんが、障害者はニューノーマルの時代にマッチした優秀な人材だと思うのです。

例えば、会社で新たな事業を立ち上げるための人員が必要となった時、必要なスキルや経験のある人を募集することがあるはずです。その募集は必ずしも健常者だけに限る必要はありません。

僕の会社で新たな事業の立ち上げをしたDさんの例を紹介しましょう。

Dさんは「注意欠如・多動症（ADHD）」という障害があり、ノルマを課される仕事が苦手です。以前は清掃業務に就いた経験がありましたが、自分に合わないと感じて、僕の会社にやってきました。

2019年、僕の会社は大阪府との間に「ビュースポットおおさか発掘・発信プロジェクト」の効果的な広報にかかる連携・協力に関する事業連携協定を締結しましたが、これに貢献をしたのがDさんです。

Dさんは一般企業に障害者雇用で就職しましたがそこでは周囲の理解が得られず、自信を失って、僕の会社のグループが運営する就労支援事業所に通うようになりました。そこで動画制作と出会い、ものすごいパワーを発揮するようになったのです。

動画の編集技術を自学で習得し、ドローンの認定資格も取得。そして、大阪府と連携し企画を考え、大阪の魅力を発信する動画をつくり上げました。

その試みが大阪府と事業連携協定を結ぶに至り、今も新たな仕事を生みだすことにつながっています。Ｄさんは単に動画を制作するだけでなく、提案書を書いたり、プレゼンをしたりして、自分から積極的に仕事を開拓しています。

Ｄさんが以前勤めていた会社では、苦手な作業を押しつけられたり、失敗を責められたりすることが多かったそうです。しかし就労支援事業所で、「自分の苦手なことはほかの施設利用者や職員にサポートしてもらい、逆に自分が得意なことを率先してやることでほかの人をサポートする」という助け合いを経験する中で、「凸凹をみんなで埋めるのが本来あるべき社会の形なんじゃないかな」と思うようになりました。

動画制作を開始した当初は、失敗や戸惑うこともあったというＤさんですが、周囲のサポートもあり、動画をつくる日々が、次第に楽しく充実した時間になっていきました。

「なにより『自分に合っている仕事をやっと見つけた』という喜びが大きかった」

とＤさんは口にしています。その喜びが自信へとつながり、Ｄさんは、前に進む勇気や自分の世界を広げる楽しさを感じながらどんどんスキルアップしていったのです。

このように、障害のある人の中には、自分の興味の持てることに出会った瞬間、目覚ましい集中力や行動力を見せる人がいます。会社の中で新たなプロジェクトを立ち上げる時や、これまでにない変革をしたいと考えた時、障害者雇用がその突破口になる可能性もあるのです。

障害の特性は、武器になる

障害のある人の中には、障害を補って余りあるほどの能力を持っている人がたくさんいます。障害者雇用に失敗する企業は、障害のある人の持つ能力ではなく、障害のために現れるマイナス面にばかり目が向いていることが多いのです。

最近、発達障害の認知度が上がってきたこともあってか、「発達障害の人はどのような仕事が向いているのか」という質問を受けることがあります。

前でも説明しましたが、一口に「発達障害」といっても、その特性は自閉スペクトラム症（ＡＳＤ）、注意欠如・多動症（ＡＤＨＤ）、学習障害（ＬＤ）でそれぞれ異なります。また、同じ診断名であったとしても、人によって抱えている障害の内容や程度はさまざまです。そのため、一概にどのような仕事が向いているということはいえません。一人ひとりに向き合い、適職をさぐり当てていくということになります。

発達障害の人が見せる特性は、こだわりや執着、衝動性や多動性などさまざまですが、それらは、学校生活のように、決まった時刻に決まったことを集団で一斉に行うという枠組みの中では不都合な特性でした。

しかし、環境次第では強みにもなります。

例えば、自分が面白いと思ったものを、寝食を忘れて、とことん追究できる人がいます。これまでのやり方や常識にとらわれない発想によって、新たなアイデアを導きだすことのできる人もいます。また、芸術面で独特のセンスを発揮する人もいます。

これらは、定型的な発達をしてきた人にとっては、どう頑張っても手に入れることのできない才能です。そして、従来の採用方法では、なかなか会社に迎え入れることが難しかった貴重な人材でもあります。

障害者雇用をすると決めたら、まず、障害をマイナスととらえるのをやめてください。

障害の特性は環境次第で武器になる可能性を大いに秘めているのだという考えで進めれば、障害者は貴重な戦力となり、会社の成長に大きく貢献してくれるのです。

面接では最初に障害の内容を聞く

障害の特性は武器になる可能性があるとはいえ、初めて障害者雇用をする人事担当の方の中には、採用面接の場で、障害のことをどこまで聞いて良いものかと、迷われることもあるでしょう。

「こんなことを聞いても良いのだろうか」とか、「突っ込んだ質問をしたら、気分を害されないだろうか」などと遠慮していると、会社に入って仕事をしていくうえで必要な情報を聞き漏らすことになりかねません。

面接のやり方は、担当者のキャラクターや、面接対象者の障害の特性などにより、いろいろな方法があるかと思いますが、「困難なことは何ですか？」「難しいことは何ですか？」「どんな症状ですか？」というふうに柔らかい言葉で質問し、お互いの認識のすり合わせを行います。

障害のある人にとって、初対面の人に自分の障害について語るというのは、簡単なことではないかもしれません。しかし、面接する側が、柔らかく最初にそこに切り込んでいくことで、お互いにそのあとの話を進めやすくなります。

最初に障害の情報を共有することで、好きなことや趣味の話などがスムーズに出てくるようになることもあります。

「障害」といってもさまざまなものがあるので、簡単に整理しておきます。

障害者基本法によれば、障害の種類は「身体障害」「知的障害」「精神障害」に分類されます。

身体障害には視覚障害、聴覚言語障害、肢体不自由、内部障害、重複障害などがあります。

身体障害者の多くは、障害のために物理的に難しいことを取り除くことができれば、健常者と変わらず働くことができます。できないことは何かが見えやすいので、合理的な配慮もしやすいといえます。

二つ目の知的障害とは、生まれた時や乳児期の初期から知能の働きが明らかに標準以下であり、正常な日常生活動作を行う能力が限られている状態のことです。児童相談所や知的障害者更生相談所、精神保健福祉センター、精神保健指定医または障害者職業センターによって、知的障害があると判定されます。

知的障害がある人は、一般的に同じ作業を繰り返すことが得意だといわれます。単純作業の繰り返しの業務について、作業の手順を分かりやすく伝えることができれば、高いパフォーマンスを発揮できる場合が多くあります。ただ、急な変更があるような仕事や、臨機応変さを求められるような業務は苦手な傾向があります。複数の業務を同時並行で行うようなマルチタスクも苦手なことが多いといわれています。

三つ目の精神障害は、精神疾患のために精神機能の障害が生じて、日常生活や社会参加に困難をきたしている状態のことです。統合失調症や躁うつ病、てんかんなどがこれにあたります。

2018年から精神障害者も障害者雇用義務の対象に加わりました。精神障害は身体障害や知的障害に比べて障害の中身が見えにくいことや、状態が日によって波があることもあるために、マネジメントしていくうえでの難しさを感じている企業も多いようです。

精神障害については、精神障害者保健福祉手帳によって確認するか、医師の診断によって確認することになります。

精神障害のある人の中には、大手企業で活躍されていた方や、高度なスキルを持っている方もいます。実際に、僕の会社でも大手企業での勤務経験がある方が活躍していますが、高い能力を活かして仕事をされています。

ただ、精神障害は、その障害の特性により、毎日安定して出勤することが難しい場合もあります。また、障害の中身が見えにくいために、職場内で誤解を受けたり、人間関係のトラブルにつながってしまったりすることがあります。これを防ぐためには、面談でヒアリングした内容を、必要な範囲内に確実に共有しなければなりません。また、最初のうちはきちんと配慮されていたとしても、見た目からは障害が分かりにくいために、時が経つうちに配慮が疎かになってしまうことがあるので、注意が必要です。

発達障害もこの精神障害に含まれます。

僕の会社では、障害のある子どもたちを支援する児童発達支援や放課後等デイサービスを行っていますが、子どもたちを見ていると、同じ障害名だからといって、症状の種類や程度がまったく同じというわけではないことがよく分かります。

そのため、採用面接の際には、障害の種類にかかわらず、一人ひとりと向き合って、どのような職種に適性があるのか、どのような配慮が必要なのかを丁寧にヒアリングする必要があります。

面接で確認すべきこと

どのような障害なのかを確認したら、職歴のある人であれば、これまでにやってきた仕事や、前職をやめた理由などをヒアリングしていきます。そのうえで、特に精神障害のある人との面接で確認しておきたいことを説明します。

1．障害の状況や通院状態について

まずは障害の状況を確認します。精神障害者の場合は、通院して治療を受けたり服薬をしたりしていることが多いので、通院状況も把握してください。その際、会社から主治医へ問い合わせができるのかなども確認しておくと良いでしょう。

主治医は、就業してから状態に変化があった場合に、まず相談する相手になります。本人が職場で困ったことがあった際に、主治医に相談できる関係ができているかどうかは、精神障害のある人が定着できるかどうかに関わる大事な要素の一つです。

2．仕事のスキルや作業能力の現状について

過去にどのような仕事をしてきたかということだけでなく、現在、どのようなことができるかを確認する必要があります。というのも、病気を発症したことによって、以前と同じようには作業ができなくなっている可能性もあるからです。

身体障害であれば、後天的な障害によってできなくなったことは客観的にも主観的にも比較的分かりやすいといえますが、精神障害の場合はなかなか見えにくい部分でもあるので、丁寧なヒアリングが必要です。

3．人に対する態度について

これは、面接の場よりも、後述する職場体験の場などで見極めるのがおすすめです。仕事をするうえで分からないことがあった時にすぐに質問することができるか、人から注意された時にどんな態度をとるかなどといったことは、今後職場で働いていくうえで円滑な人間関係を築けるかどうかに大いに関わります。

4．通勤手段や所要時間について

健常者と呼ばれる人でも、通勤ラッシュの時間帯に電車に揺られて出勤することはストレスになるものです。精神障害の内容によっては、多大な負担になります。本人が大丈夫だといったとしても、自宅からの通勤に無理がないか、通勤手段や所要時間等を確認します。

5. 休憩について

障害のある人は、一般雇用の社員と比較して休憩が多く必要になる場合があります。30分から1時間程度作業したら、10分程度の休憩を挟むことで、作業を安定して継続できるケースが多いようです。休憩を適切な頻度で取ってもらうことは、本人の持つスキルを安定的に発揮するために不可欠な要素です。

6. ストレスについて

どんな場面や状況でストレスを感じやすいのか。また、ストレスを感じた時には、どんな兆候が出るのかなどを確認しておくと良いでしょう。

すでに、面接の場で、過度の緊張から激しい貧乏ゆすりをしたり、イライラしているように見えたりする場合もあるかもしれません。こういった態度は、本人に悪気はなくても、慣れていない人から見れば何かに腹を立てているように見えてしまうこともあります。

緊張やストレスにさらされた時に、そういう兆候が出るということが事前に分かっていれば、職場に配属されてからの不要な摩擦を防ぐことができます。

7．日常生活のリズムについて

起床時間や食事のタイミング、睡眠のリズムが安定しているのかを確認しましょう。精神障害の場合、昼夜逆転の生活になってしまっている場合もあります。そうすると、朝、決まった時間に出社すること自体へのハードルが高くなっていて、就職してからの生活に支障をきたす可能性があります。就職以前に、就労移行支援機関等のサポートなどを得ながら、生活のリズムを整えておく努力が必要です。

フルタイムでの勤務であれば、一般的に1日8時間程度の労働になります。段階的に慣らしていくとしても、生活のリズムを整えることができなければ、睡眠不足になってしまったり、疲れが取れずに過労気味になってしまったりします。

最初からフルタイムで受け入れるのか、それとも徐々に勤務時間を増やしていくのかなど、受け入れ方を検討するうえでも、その時点での生活リズムを確認しておくことは不可欠です。

8．支援機関や家族との関係

就労支援の専門機関を利用しているかどうかを確認しましょう。

支援機関との信頼関係ができている人は、自分自身にどのようなサポートが必要なのかを理解できていることが多いようです。また、他者との信頼関係を築くという経験を持っている人でもあるといえます。

一概にはいえませんが、支援機関を活用できない人の中には、他者からのサポートを素直に受け取ることができないタイプの人もいるようです。

家族との関係性については、プライベートなことなので、なかなか踏み込みづらいところですが、生活リズムの乱れなどがある場合は、家族の助けが役に立つこともあります。

家族と同居しているのか、近いところに住んでいて困った時には手助けしてもらえるのか、あるいはまったく交流がないのかなどが確認できると良いでしょう。

趣味や嗜好をヒアリングしながら、適性をさぐる

障害者雇用に限らず、その人物の適性に合った職種に配置できれば、職場への定着につながり、結果として会社としてのパフォーマンスが上がることになります。

ただ、障害者雇用の場合、自分は何が得意なのか、どんな仕事に適性があるのかについて、本人が理解できていないケースもあります。そのため、最初の面接でどんなに丁寧にヒアリングしたとしても、その人がどんな仕事に向いているのかを一度で見極めるのはなかなか難しいものがあります。

企業と障害者をつなぐ就労支援事業所では、最初の面談の時に、職員と一緒に人生を振り返りながら、自己分析をしてもらっています。どんなことが好きなのか、得意なことは何なのか、苦手なことは何なのかといったことを書きだしながら考えていくのです。これは福祉の現場において「アセスメント」と呼ばれている大事なプロセスです。

アセスメントを通して、苦手なことからその人の課題を分析したり、業務に取り組むうえで周りがどのような支援をしていくか考えたりすることができます。

実際にアセスメントを行った人の中には、自分自身の改善点に気づき、その改善のために努力しようとする姿勢を持てた方もいます。その方はアセスメントを受けるまでは、一度何かに失敗すると「もう私にはできない」と思い込んで、落ち込んでしまっていたそうです。そのため会社で働いても、何かあるたびに簡単に諦め、すぐ退職してしまっていたといいます。しかしその方は、アセスメントで自己分析を行ったことにより「今後はこのようなことに気をつける」という意識を持つことができ、前向きになれました。

ただ、障害者雇用の面接で、そこまでするのはなかなか難しいかと思います。

そこで、まず確認したいのは「本人にやりたいことがあるか」です。

本人にやりたいことがあり、それに対応する業務が社内にあれば、まずはその業務に挑戦してもらいましょう。もし、本人のやりたいことそのものの業務がなくても、面談の場で本人の好きなことや趣味、得意なことなどの話を聞いていく中で、それらにつながる業務が社内にあるようなら、挑戦してもらえば良いでしょう。

しかし、自分のやりたいことが明確になっていない人も少なくありません。そういった場合、僕の会社では、こちらが用意した仕事をステップに従って挑戦してもらうことにしています。

例えば、パソコン事務という仕事であれば、四段階に分けることができます。

最初のステップとしては、データ入力やテキスト入力です。これは、書かれている数字や文字などの情報を、そのままパソコンに打ち込んでいくという作業になります。

適性を見極めるポイントは、作業の「精度」です。

もし、人よりも時間が掛かったとしても、ルールに従って作業をし、正しい内容の成果物を仕上げることができていれば良しとします。

一方で、どんなに作業スピードが速かったとしても、入力間違いが頻発するなどして、成果物の精度が悪ければ、その作業は向いていない可能性があると考えます。そろそろ作業に慣れてきたはずなのに、いつまでも作業の精度が上がらないという場合には、ほかの業務を任せることも検討します。

数字やテキストを正しく入力でき、本人が新しい仕事に挑戦することを望むのであれば、次のステップに進みます。

次のステップは検索を伴う業務です。この業務では、求める情報を得るために適切な検索ワードを考えられるか、検索結果から情報の取捨選択ができるかがポイントになります。データ入力やテキスト入力だけの場合と違って、自分の頭で考えたり判断したりすることが必要になるので、作業自体の難易度としては上がります。

その次のステップは書類作成です。公的機関への申請書類などの作成がこれにあたります。定められた書式に、必要事項を正しく入力することが求められます。申請のために必要な書類をそろえて、間違いがないように作業を進めなければなりません。これがクリアできれば、パソコンを使って、マニュアルに沿ってミスなく作業ができるということになります。

最後のステップは報告書や通達書のような文書作成の業務です。ルールに従いながら、想像力を働かせることも必要になるので、パソコン事務の中ではいちばん高度な作業であるといえます。就労継続支援A型事業所の場合なら、2割程度の人がこのレベルまで到達します。

ここでは、説明の便宜上、それぞれの業務を一般的な難易度に沿ってステップとして説明してきました。ただ、障害の特性によって、本人が感じる難易度はこのとおりであるとは限りません。

例えば、注意欠如・多動症（ＡＤＨＤ）の人の場合、多動傾向が強ければ、一つ目のステップの単純な入力作業を続けることは耐え難いでしょう。また、注意欠如の傾向が強ければ、ミスも多くなると考えられます。人によっては多動と注意欠如の両方の傾向がある人もいます。ただ、このような単純な入力作業は苦手であっても、文書作成では力を発揮できるというケースもあります。

そして、一般的な難易度が低いからといって、その仕事の重要性が低いわけでもありません。また、単純な作業を地道に続けられるというのもひとつの才能です。

会社が用意した業務に挑戦する中で本人の得意なことを見極め、それに合った仕事を任せることができれば、障害のある人を会社の貴重な戦力にすることができます。

書類作成、動画制作、Ｗｅｂデザイン。特性を活かせる幅広い職種の用意

厚生労働省が発表した「令和元年度　障害者の職業紹介状況等」によると、ハローワーク経由で障害のある人がどのような仕事に就いているかは、次ページのグラフのようになっています。障害の種類によって差はありますが、事務的職業や運搬・清掃・包装等の職業に就いている人の割合が多くなっています。

だからといって、障害のある人を雇い入れる際に、事務や清掃等の仕事を用意すればうまくいくのかといえば、そうとは限りません。

障害者の雇用状況～就いている職業の割合～

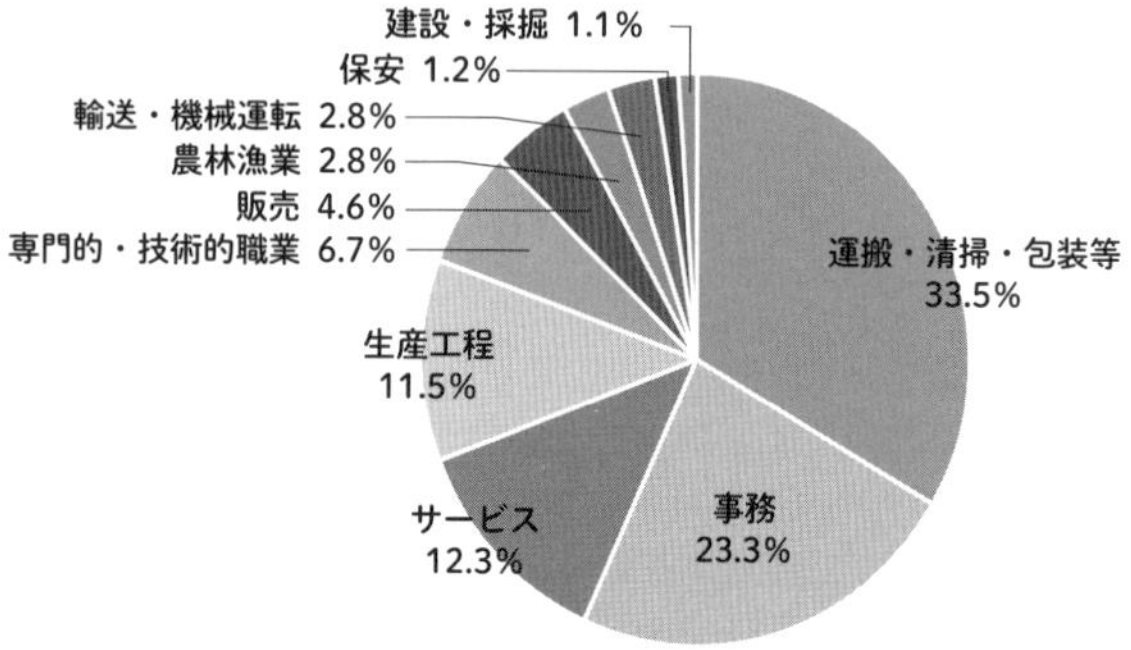

※身体障害者、知的障害者、精神障害者、発達障害者のすべてを含む
※数値は職業別構成比（%）

参考：厚生労働省「令和元年度　障害者の職業紹介状況等」

僕の会社では、障害のある人にお願いする仕事として、さまざまな職種を用意しています。

具体的にいうと、書類作成をはじめとし、リサーチ業務、動画制作、デザインなどがあります。用意できる職種が多様であるほど、障害のある人の能力が活かせるような適職に出会える確率は上がります。

現在、僕の会社でクリエイティブな才能を発揮して活躍している人の中には、以前、他社で清掃業務にあたっていたものの、自分に合っていないと感じて離職したという人もいます。

配属先を考える際には、「障害者」に対

する固定観念を外し、前職にしばられることなく、さまざまな職種を想定したうえで、どのような職種なら能力を発揮できるのか、一人ひとりの適性を見極めることが大切です。

「合理的配慮」で障害の特性をカバーし、働きやすい環境を整える

適職にたどり着いたら、その仕事で力を発揮するために、働くうえでの障害の不都合を解消しなければなりません。

日本では「障害者差別解消法」という法律によって、事業者は最大限「合理的配慮」をすることが義務づけられています。

合理的配慮とは、「障害者の権利に関する条約」第2条によると「障害者が他の者との平等を基礎として全ての人権及び基本的自由を享有し、又は行使することを確保するための必要かつ適当な変更及び調整であって、特定の場合において必要とされるもの」である

とされています。
つまり、障害のある人が感じている「生きづらさ」を取り除くために、それぞれの障害の特性に合わせて配慮をしようというものです。

合理的配慮の例としては、次のようなものがあります。

・口頭での指示を理解するのが難しいという特性のある人には、メモやメールなどの文書で伝える
・疲れやすい人や過度な緊張をしやすい人には、適度な休憩を取らせるようにする
・音に過敏な人には、イヤホンや耳栓、イヤーマフ等の使用を許可する

厚生労働省による「平成30年度障害者雇用実態調査結果」によれば、障害者を雇用している会社は次ページのグラフのような配慮をしているという結果が出ています。

障害者の雇用先が配慮していること（複数回答）

※身体障害者、知的障害者、精神障害者、発達障害者のすべてを含む

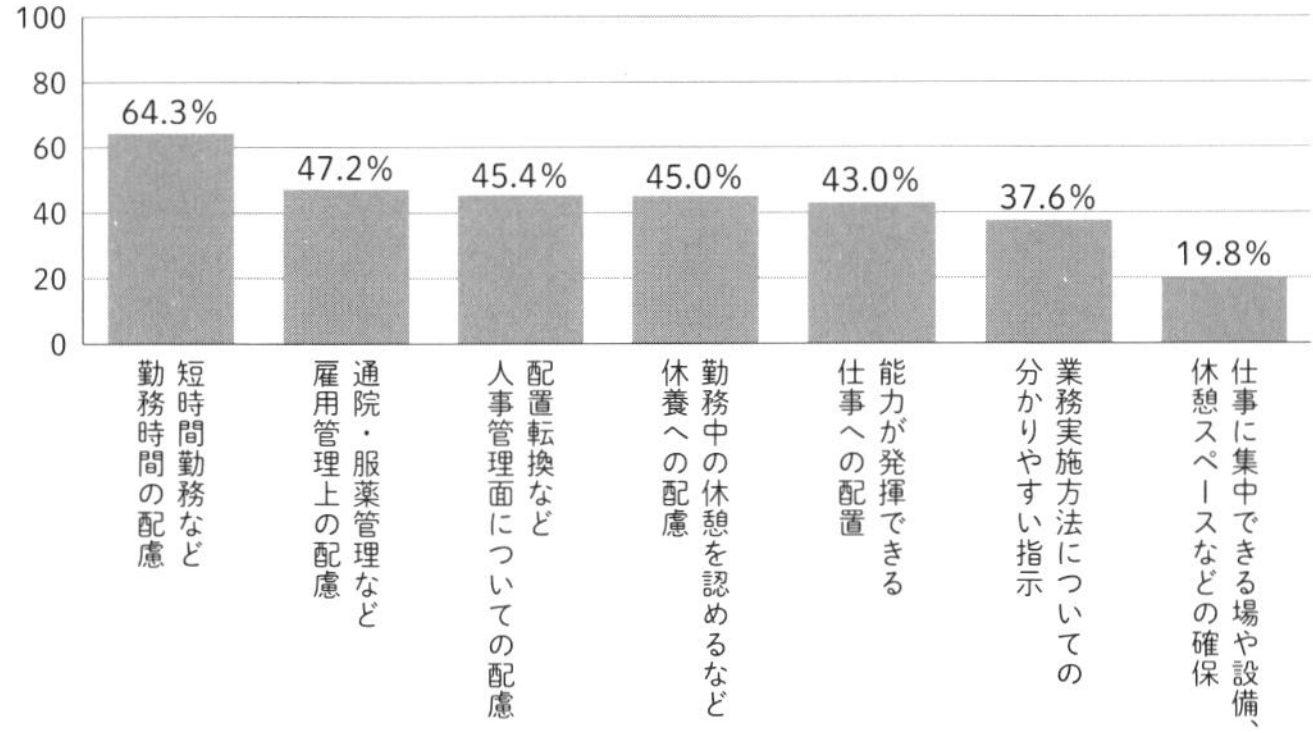

参考：厚生労働省「平成30年度障害者雇用実態調査結果」

障害の種類によって違いはありますが、「短時間勤務など勤務時間の配慮」は半数以上、「勤務中の休憩を認めるなど休養への配慮」「配置転換など人事管理面についての配慮」「通院・服薬管理など雇用管理上の配慮」などの配慮は、およそ半数の企業で行われていることが分かります。

「業務実施方法についての分かりやすい指示」や「能力が発揮できる仕事への配置」もほかと比較すれば比較的高い数字ではあるものの、割合を見てみると、半分以上の企業が配慮できていないということになります。

また、「仕事に集中できる場や設備、休

憩スペースなどの確保」については、配慮していると答えた企業が2割程度にとどまっています。

障害の種類によっては、仕事に集中できる環境の有無は、仕事のパフォーマンスに大きく影響します。それにもかかわらず、仕事に集中できる環境に配慮している会社はまだ少ないのです。

「合理的配慮」が勤務時間や休憩・休暇、配置転換などの制度面では行われているものの、現場レベルでは障害による苦手なことをカバーする配慮がまだまだ十分ではないということが分かります。

どのような配慮が必要なのかを考えていくうえで企業側にも参考になるのが、厚生労働省が作成した「就労パスポート」です。これは、障害のある人が働いていくうえで、自分の障害の特性や希望する配慮、アピールポイントを支援機関と一緒に整理して事業主などに伝えるためのツールです。

職務経験や仕事上のアピールポイントを書く欄があるほか、体調管理と希望する働き方や、コミュニケーション面の特徴、作業をする際の理解しやすい指示の方法などについてチェックを入れる形で整理ができます。

これを使うと、働き方や労働環境については、次のような内容が整理できます。

1日の勤務時間について

□フルタイム
□フルタイム以外
□フルタイム以外から始めて段階的に延ばしたい

1週間の勤務日数

□当初から固定（週○日を希望）
□勤務日数を段階的に増やしたい（週○日から始めて、○週後には週○日に）

避けたいものまたは配慮を望むもの

□音（機械音・人の話し声など）

□照度

□匂い

□屋外

□高所

□閉所

□特にない

休憩の取り方

□静かな場所・部屋が良い

□1人で過ごすほうが良い

□特に希望なし

ここで紹介した内容以外にも、業務を安定して遂行するために必要な機器、設備の調整についても確認しておくと安心です。

「職場体験」でミスマッチを減らす

採用面接は、障害のある人と会社側が理解し合う場です。本音で話し合い、必要な情報をお互いに交換できれば良いのですが、面接という特殊な場面では、必要以上に緊張する人もいて、働くうえで必要な配慮について、なかなかいいだせません。

また、限られた時間では聞ける内容に限界もあります。

あるいは、面接の場で話したことが、現場に正しく伝わらず、十分な対処がされないままに出社初日を迎えてしまうこともあります。

こういったミスマッチを減らすためにおすすめなのが、職場の1日体験です。配属予定の部署の様子を見学したり、担当してもらう予定の仕事に取り組んでもらったりするのです。

職場体験は、長くても2時間程度に設定しておくと、精神障害で疲れやすい方でも無理なく参加できます。

会社としては、面接では分からないような、実際の仕事ぶりを見ることができ、職場の環境になじめそうかを判断することもできます。どんな配慮が必要になるかを見極めることにも役に立つでしょう。また、現場の担当者も、どんな人が入ってくるのかが分かるので、入社までにどのような準備をしておいたら良いかを具体的に考えることができるはずです。

障害のある人も、どんな環境で、どんな人たちと、どんな仕事をするのかということが分かり、就職してからの様子が思い描きやすくなるので、初出社の前に大きな不安を抱えなくて済みます。

障害のある人の中には、感覚が過敏な人もいて、普通の人がまったく気にならないような匂いや音などが大きなストレスになることがあります。そういった人も、事前に職場に身を置くことができれば、自分がその環境で問題なく過ごせるかどうかを判断することができます。

また、いきなり一対一で面接をするよりも、職場体験をしたあとのほうが心がほぐれて、本音が聞けるということもあります。

このような1日職場体験を企業が独自に実施するほかに、公的機関が行う「障害者トライアル雇用」という制度もあります。

障害者トライアル雇用とは、厚生労働省、都道府県労働局、ハローワークが行うもので、障害のある人を企業に継続して雇用してもらうことを目的としています。原則として、３カ月間試行雇用することで、適性や能力を見極めようというものです。

まずはハローワークなどに障害者トライアル雇用求人を提出し、対象となる人を、原則として3カ月間の有期雇用で雇い入れます。

一定の要件を満たせば、企業は月額最大４万円の助成金を受け取ることができます。精神障害者を初めて雇用する場合であれば、月額の助成金額が最大8万円となります。

２０１8年から精神障害者のトライアル雇用に関する助成内容が拡充され、精神障害者の雇用については、トライアル雇用期間が6カ月に延長されました。これによって、月額

8万円×3カ月+月額4万円×3カ月で、最大36万円の助成金を受け取ることができます。

精神障害者や発達障害者の場合、疲れやすさなどのために、週20時間の勤務が難しいこともあります。そういった場合は、週10~20時間勤務からスタートし、自分の体調や職場への適応度合いに応じて、試行雇用期間内に週20時間以上の勤務を目指す「障害者短時間トライアル雇用制度」もあります。この制度を利用した場合は月額最大4万円の助成金が支給されます。

3カ月という期間は、企業にとっても障害者にとっても、お互いのことを良く知るためのお試し期間のようなものです。

期間が決められていることで、企業としては、通常の障害者雇用を始めるよりも負担感が少なく始められます。障害者側も、3カ月という時間を掛けて、実際にその企業で勤めていけるかを見極められるでしょう。

このトライアル雇用後には、8割以上が継続して雇用されています。企業側が採用する本人の障害の特性を知り、どのような能力の持ち主かを知ることができれば、適職への配置はしやすくなります。

また、障害者側も、その会社で働いていくためにはどのような合理的配慮をしてもらえる余地があるのかが分かり、働ける環境を整えやすくなります。

トライアル雇用をする際には、実施計画書の提出が必要です。また、トライアル雇用が終了したら、支給申請書を提出しなければならないなど、細かい決まりがあるので、利用する際には最寄りのハローワークに相談すると良いでしょう。

第4章

100人を"デキる社員"へ!

生産性を最大限高めるための、障害者社員との接し方

障害者の多くが、自己肯定感が低い

職場で障害のある人と接する時に、どのようなことに気をつけるのか。

まず、大切なのは障害のある人の多くが、自己肯定感が低い傾向、つまり自分に自信がなく、役に立たないのではないかという不安を抱いていることです。

本当はすばらしい能力を持っているのに、それが特別な才能だと気づくことができないまま、「普通の人が普通にできることが自分にはできない」と考えて、必要以上に自分の自己評価が低くなっているのです。

僕の会社で働くEさんの例を紹介しましょう。

注意欠如・多動症（ADHD）のEさんは、就労継続支援A型事業所に勤務しています。

Eさんは福祉関連の資格を持っているだけでなく、障害のある人に寄り添った対応ができるため、利用者さんからの信頼も厚い人です。

Ｅさんは利用者一人ひとりの話を丁寧に聞いて対応します。

これまで説明してきたように、障害を抱えた人は自己肯定感が低く、これまでの人生の中で周囲の人から非難されたり、仲間はずれにされたというつらい経験をしています。そのため他人とコミュニケーションを取るのが苦手なだけでなく、また傷つけられないかと臆病になり、心を開くことができません。そんな彼らの心を開くためには根気良く時間を掛けて話を聞き出すことがとても大切なのです。しかし、それを実際に行うのはとても大変なことです。にもかかわらず、Ｅさんは細かく話を聞き、共有すべき情報は同僚に伝えるなど、非常にすばらしい働きぶりを見せています。

ところが、Ｅさん本人は「自分は何もできていない」と口にするのです。

周囲の人間にはすばらしい働きぶりであると見えるのに、どうして本人だけがそのように考えてしまうのでしょう。

Ｅさんに限らず、障害のある人の多くが、自分を過小評価する傾向があります。それは、これまでの人生で、障害のために「なんでこんなこともできないのか」「こんなこともできないのは、あなたの努力が足りないのではないか」といわれ続けてきたことの蓄積があるからです。

例えば、発達障害の場合、ほんの数年前までは今ほど世間に認知されていませんでした。そのため、幼少期から「問題児」として扱われてきたケースがほとんどです。本人の努力が足りないと責められたり、親の教育が良くないといわれたりして、自尊心をズタズタにされながら過ごしてきたのです。時には親からも「なんでこの子だけはほかの子とは違うのだろう」と理解されず、厳しくしつけられたり、逆に親が子どもを避けてしまうこともあり、幼少期に孤独を感じている人も多くいます。周りの大人たちの反応を見て、本人はできないことを申し訳ないと思っていて、できることなら障害を治したいとさえ思い詰めていることもあります。

しかし、障害は個性のようなもので、努力によって変えられるものではありません。会社という組織で働いていくうえでは、できないことを周りがどうフォローするかという方向で考え、逆に本人が過小評価している突出した才能について、どうすれば会社の中で活かしていけるかを考えればいいのです。

そうすれば障害のある人自身が仕事にやりがいを見いだし、能力を発揮することができますし、会社にとっても大きなプラスになります。

相対的な評価ではなく、絶対的な成果に基づき褒めて伸ばす

障害のある人を採用し、定着のための「教育」ということを考えた時、まず必要なのは、実は障害のある人自身への教育よりも、周囲の社員への教育です。

業務時間内に、直接業務に関係ない集合研修を行うというのは、なかなか難しいかもしれませんし、集合研修によって、どの程度の理解を得られるかは未知数な部分もあります。

ただ、最低限共有しておきたいのは、障害を個性の一つであるととらえ、できないことをフォローし、突出した才能を活かすという方針で障害のある人と接するということです。

障害のある人に関わる社員が、できないことにばかり目を向けて「本人の努力が足りな

いからできないのだろう」とか「こんなこともできないのか」という態度で接し、無理やりほかの人と同じようにさせようとしては、障害者の能力を活かすことは絶対にできないからです。

そのうえで、まずは、どんな小さなことであっても、「できたこと」を褒めることで、障害のある人が自信をつけていけるようにしていきます。

ただ、前述のとおり、障害のある人は自己肯定感が低いことが多いため、褒め方には工夫が必要です。

褒める時は、相対的な評価ではなく、絶対的な成果に基づいて褒めるようにします。ポイントは「具体的に褒める」ということです。

例えば、「あなたのした仕事が○円の利益につながったよ」「あなたのおかげで○○さんが喜んでいたよ」などという具合です。

また、「あなたがやってくれたこの仕事が、とても速くて正確だったと○○さんが喜んでいたよ。それを聞いて僕もうれしかった」といった具合に、間接的に伝えるのも効果的です。

逆に、「頑張っているね」「良くやっているね」といった漠然とした褒め方では、褒められても、素直に受け入れることができず、むしろその言葉に何か裏があるのではないかという受け止め方をしてしまうこともあります。

また、これは僕の経験に基づくアドバイスですが、通常の業務をこなしてくれるだけでも、褒めたり感謝の気持ちを伝えたりするようにしましょう。

ある時、僕の会社で働くスタッフの1人が泣いていたと、ほかのスタッフから聞いたことがありました。その人は仕事で周囲の人から褒められることがあまりなかったため、「自分は役に立っていない」と感じ、悔しさから泣いていたのです。

実際には僕たち周りのスタッフは、その方が役に立っていないなんてことは、まったく思っていませんでした。むしろとても助かっていたので、その話を聞いた時には非常に驚いたものです。その後、僕たちは、廊下やエレベーターなどでその人に会った時に感謝の気持ちを伝え、褒めるようにしていきました。

障害者の人たちと触れ合う仕事をしていながら、僕たちはそれまで、普通に働く中でもそのように感じてしまう人がいるということを、あまり意識していなかったのです。しかし、そういった細やかな配慮なしで、障害のある人の能力を活かすことはできません。
この気づきがあったからこそ、僕の会社は、障害のある人が才能を発揮できる場になったのだと思います。

適職に配置し、本人が自信を持って業務にあたることができれば、遅かれ早かれ、その人は秀でた能力を発揮できるようになるはずです。しかし、客観的に見てすばらしい働きをしていても、前述のEさんのように、本人はそれを過小評価していることも少なくありません。だからこそ、できるだけ周囲を巻き込んで、小さなことでも具体的に褒めるようにしましょう。周囲の社員のほんのちょっとした一言が、本人の大きな自信につながり、それはダイレクトに仕事ぶりに現れてくるのです。

「過集中」も留意するべき特性の一つ

障害のある人の中には、「過集中」になりがちな人も多くいます。

過集中とは、仕事などに没頭するあまり、時間を忘れて作業を続けてしまうという特性です。過集中になると、休憩も取らずに仕事を続けてしまうことがあるので、周りが「休憩を取ってくださいね」と声掛けをする、タイマーを使って時間を管理するなど、気に掛けてあげることが大切です。

以前に精神科病院の医師から聞いた話によると、大企業のエリートで第一線でバリバリと働いていた人が、突然メンタル不調で休職に陥る場合、実は発達障害が根底にある人が多く見られるとのことでした。

障害を抱えていることを本人も周囲の人も気づいておらず、過集中特性のため、猛烈に勉強や仕事をするためエリートコースを歩みます。結果を出すし、出世もし、第一線で活躍する。周囲からは、仕事が抜群にできるすごい人と評価されているため、本人自身も過集中だということに気づかないのだそうです。しかし、何日も寝ずに仕事をするようなことはそんなに長続きするわけがありません。いつしか体が悲鳴を上げ、突然倒れてしまうのだそうです。

僕の会社でも「認められよう」「頑張ろう」という気持ちが前に出過ぎて、過集中になる方がいます。仕事に集中するあまり周りが見えなくなるので、止められない限り昼食も取らなかったり、何時間でも残業して働いてしまったりします。そうした特性がありますので、担当部署で定期的に休憩を取るルールを設けるなどして、集中を解かせてあげる配慮をする必要があります。

しかし、実際には過集中はある意味、その人にとっては「調子が良い」ことの表れといえます。過集中できる職場だということは、障害者にとって居心地がいい職場です。最大限にパフォーマンスを発揮してもらうために、休憩を設ければ、会社にとって強力な戦力となるはずです。

逆に過集中の特性を持っている人がなかなか集中できない場合が問題です。

僕の会社でも、何か集中できない理由があったということが多いのです。「何か」というのは、チームの誰かとの仲にヒビが入るなど、仕事内での人間関係のトラブルがほとんどです。トラブルといっても周りから見れば些細なことなのですが、本人は嫌われているなどと思い込み、極端にやる気をなくし、「この会社では働けない」と思うほど落ち込んでしまうこともあります。

そのため、僕の会社では、なかなか集中できない人を見かけたら、きちんと話を聞いてフォローできるようにしています。業務の都合もあるのでなかなか難しいですが、可能であれば、1カ月ほど仲の良い社員の近くへ席替えをしてリフレッシュしてもらい、心が落ちついたら元の席に戻すという方法を取ることもあります。

このように、過集中の特性を持つ方に対しては、調子が良い時、悪い時それぞれの場合に応じてフォローが必要です。適切なフォローができるよう、普段から集中の度合いや表情の変化などに注意しておくと良いでしょう。

一人ひとりに合うマネジメントで働きやすい職場へ

自己肯定感の低さや過集中など、障害者の特徴について説明してきましたが、そのほかにも、障害者一人ひとりがこだわりや得意分野・苦手分野を持っています。実はそこに着目することがとても重要で、障害者を「コスト」にするのか「戦力」にするのかの大きな別れ道です。

僕の会社では、一般雇用で働いている障害者のことを「障害があるから」といって区別せず、その人のこだわりや得意な部分を伸ばせるようなマネジメントを行っています。

また、苦手な部分や、こだわりがあるからこそ、難しい仕事に関しては、間に入ってフォローアップを行っています。例えば、ある人が1つの作業にこだわり過ぎると、良いものができたとしても、作業時間が掛かり過ぎ、利益が出ないということになりかねません。そうした場合、その人は適材適所ではなかったと判断し、その作業を業務から除いたり、別の得意な仕事をやってもらったりします。

僕の会社ではさまざまな業務を用意しているので、一人ひとりのこだわりや特性に合わせて仕事を調整することができるのです。

例えば、社会保険労務士の書類作成補助に関する業務の中には、紙に書かれている内容を間違えないように入力するという作業があります。このような作業は、心配性の人が得意な分野と判断して割り振っています。

心配性の人はダブルチェック、トリプルチェック……と、何度も自分の中で確認を重ねるため、細かい作業が得意でミスが少なく正確性が高まるからです。

逆に大雑把な人には、正確性が要求される書類作成補助業務は向きません。そのため、大雑把な人には書類作成のような仕事ではなく、書類をスキャンしてフォルダ分けしてもらうというような、社内の整理整頓業務などを割り振っています。

ちなみに、業務の進行管理のリーダーを務めているのが第1章で登場したAさんです。Aさんは管理能力が非常に高く、進行状況のチェックや、間違っている箇所の指摘をしてくれています。

Aさんが正社員になった当初は、Aさんともう1人の方がツートップのような形で業務の進行管理を行っていました。ですが、Aさんのほうが会社の意図を汲み取ろうとする意識が強く、要望へも柔軟に対応してくれたため、次第にAさんが業務の進行管理のリーダーになっていきました。また、パソコン関係のことなどAさんにしかできない業務も増えたことで、Aさん自身の自己肯定感も高まっていったようです。

Aさんはコミュニケーションが得意ではない特性のため、直接話すのではなく、基本的にはチャットワークというツールでやり取りをしています。今後はリモートワークも増えていき、オンラインでの仕事がメインになってきます。障害を持ち、コミュニケーションが苦手な人たちには仕事がしやすい環境が広がっていくと思います。僕の会社でもチャットワークやZoomなどを活用して業務を管理していくことが増えていくでしょう。

さらに僕の会社では、みんなが働きやすいように職場の雰囲気も工夫しています。

以前は部屋の中央あたりにパーティションがあったので、ほかの人の様子が分かりづらい状態でしたが、みんなで話し合ってパーティションを取りはずしフロアが見渡せるように変えました。また、席がみんなと関わりやすいような配置（1つの席から5人ほどの席を見渡せる配置）になっているため、みんなのモチベーションや空気感の変化に気づきやすくなりました。

そういったオープンな雰囲気なので、みんなの不満なども、基本的には日々の会話の中から聞き取ることができます。本人が悩みを相談しやすい相手に話し、その相手が僕やほかの社員に教えてくれるという感じです。

このような、一人ひとりの能力を活かし快適に働いてもらえるような職場環境が、障害のある人が僕の会社に定着する要因の一つではないでしょうか。

ミスマッチが起きた時には

これは一般の社員の場合にもいえることだと思いますが、採用面接などで本人がやりたいといった仕事を任せたとしても、必ずしもうまくいくとは限りません。時には能力的に難しいというケースもあります。

特に注意欠如・多動症（ＡＤＨＤ）の方は「この仕事がしたい！」と思ったら、その物事に集中して取り組む方が多いようです。本人の「やりたい」と仕事の適性が合っていれば何の問題もなく、逆にすごい結果を出してくれる可能性がありますが、問題なのは本人の希望と適性のミスマッチが起きた場合です。その場合は、教育担当者や管理職などが周りの社員との人間関係等のフォローを行い、いったん仕事に全力で取り組めるようにしたうえで、本人に「その仕事が合っているかどうか」を分かってもらう必要があります。

ミスマッチが起きた場合は、教育担当が一方的に「この仕事は○○さんには合っていない」と結論を出すのではなく、まず本人に全力で取り組んでもらったうえで、なぜうまくいかないのかを、一緒に検証するようにしましょう。

なぜなら、本人が「この仕事は自分の特性に合っていない」と納得しなければ、不満が残りかねないからです。

例えばパソコンを使用した事務作業の仕事を例に説明してみましょう。

パソコン事務でいちばん難易度が低いのは、簡単な文字入力やデータ入力です。そこで、まずはパソコンスキルがどのレベルかを見極める意味も含めて、入社したばかりのＦさんにデータ入力の仕事をお願いすることにしました。なお、障害のある人で、困りごとがあった時に自分から相談する方は少ないため、周りの社員が常に様子を見て、その人が困っていそうな時は声掛けを行うようにしましょう。

ほどなくして、Ｆさんは精度の高いアウトプットができるようになりました。作業スピードも申し分ありません。

本人に新しい仕事へ挑戦したいという気持ちがあったので、今度はリサーチを伴うリスト作成をお願いすることにしました。すると、それも問題なくできるようになってきました。

そこで、さらなるステップアップをすべく、文書作成の仕事をお願いしてみることにしました。ここまで調子良くこなしてきたFさんでしたが、なかなか期待するレベルの成果物ができません。本人は一生懸命取り組んではいるのですが、どうしたら良いのかと途方に暮れている様子が見られました。

そこで、なぜうまくいかないのかを、教育担当と本人とで考えてみます。

データ入力はスピードも質も問題なくできます。リサーチを伴うリスト作成も期待する精度をクリアできました。文書作成の仕事がこれらと違ったのはどんなことでしょう。それは、「人の気持ちを想像して書く」という要素があることでした。

そうやって考えていくと、本人自ら「自分は人の気持ちを想像して書くということが苦手なのだ」ということに気づくのです。

この、自分が苦手なことに気づくということは、本人にとって心の折れる瞬間だと思います。

ただ、Fさんはデータ入力や検索を伴うリスト作成については、期待するレベルをクリアする仕事ができています。単調な作業の繰り返しを、集中力を保ちながら行えるというのは、一つの才能だということを伝えます。

このように、ミスマッチが起こった場合には、できる部分に目を向けて、プラスにとらえることで、自信につながるようにサポートしていくことが大切です。

僕の会社では、割り振った仕事がその人に向いているかどうかは、仕事を開始してもらってから1週間もかからずに分かることがほとんどです。向いていないと判断した場合には、説明したように本人が納得するサポートをしたうえで、別の作業をお願いしています。

その業務に関わる仕事全般が向いていないと判断した場合には、社内で適性がありそうなほかの部署へ異動してもらうこともあります。

障害者側が発信する自分の〝取扱説明書〟

どのような障害があり、どのような配慮が必要なのかを適切な範囲で共有することは、障害のある人が力を発揮するために重要なことであり、定着にもつながります。

障害者の職場定着率（求人職種別）

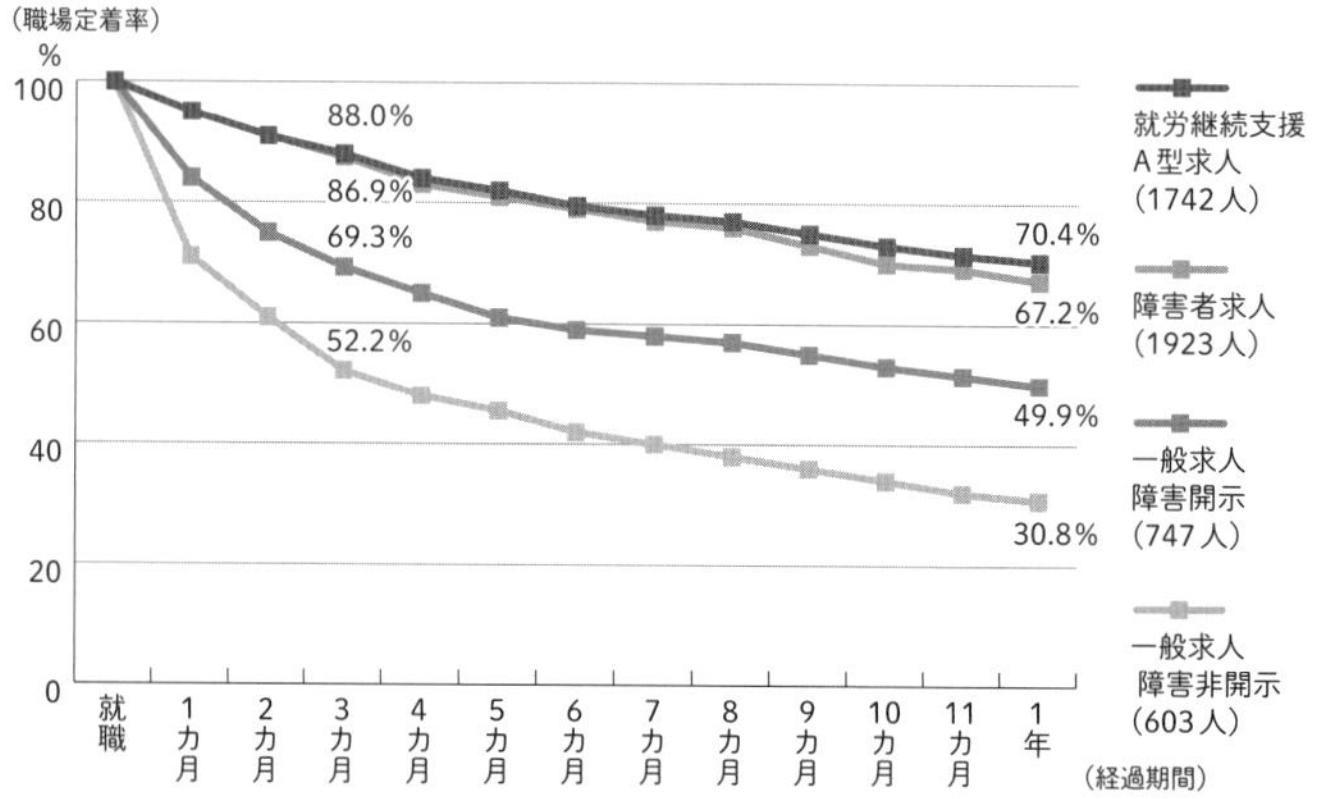

参考:障害者職業総合センター「調査研究報告書　No.137　障害者の就業状況等に関する調査研究」(2017年)

独立行政法人高齢・障害・求職者雇用支援機構が運営する障害者職業総合センターの「障害者の就業状況等に関する調査研究」（2017年）によると、職場で障害をオープンにした場合とそうでない場合で定着率が違うことが分かります。

入社1年後に、定着率が最も高かったのは「障害者求人に応募した方」で70・4%でした。「障害をオープンにして一般求人に応募した方」では49・9%、「障害を持っているけれども障害があることを公開せず一般求人に応募した方」では30・8%という結果になっています。

障害のあることをオープンにし、どのよ

うな配慮が必要なのかを共有できれば、働きやすい環境を整えることができ、定着につなげることができます。

僕の会社では職場の理解を得るために、障害者が自分で自分の〝取扱説明書〟を書いて、職場の人に渡したという人もいます。

このやり方であれば、障害のある本人が、自分の障害についてどのレベルの情報を、どの範囲の人たちに知らせるかを能動的にコントロールすることができます。これはつくった本人が開発したやり方で障害のある人の側からのアプローチとして、とても有効なものだと思います。

ただ、この例はかなり特別で自分の取扱説明書を作成するなどということは、すべての障害者にできることではありません。自分の障害の特性や能力について客観的に把握できている人ばかりではないうえ、把握できていたとしても、それを分かりやすい文書で表現できるとも限らないからです。本人に確認することが難しい場合は支援機関でサポートしてもらうなどの助けが必要になるでしょう。

また、職場でどの範囲にまで渡すのかという判断も難しいところであります。人事担当や教育担当が内容に応じて共有する範囲を話し合って決めても良いかもしれません。

ここで紹介した取扱説明書はかなり個人的なものですので、企業側にとって有効なツールとしては、第3章でも紹介した厚生労働省による「就労パスポート」を参考にするとうまく障害者の特性を把握することができます。

次ページの表のような内容の中から、自分の職場で障害者が働いていくうえで上司や同僚が知っておいたほうが良いと思われる項目を抜粋して、資料を作成しておくのも良いでしょう。

現場の社員が障害者とコミュニケーションを取るうえでの指針として役に立つはずです。

1．コミュニケーションについて

（1）相手とのやり取り

①業務中の仕事に関する会話

□相手や場面に応じて臨機応変に対応できる（職場内の人に対して・職場外の人に対して）

□やり方が決まっているものであれば対応できる（職場内の人に対して・職場外の人に対して）

②職場内の人との会話

□相手に対して自発的に話し掛けられる

□話し掛けて良いタイミングが具体的に分かれば話し掛けられる

□慣れるまでの間は声を掛けてもらえたほうが話しやすくなる

③相手や場面に応じた対応（表情・視線・言葉遣い）

□相手や場面に応じて対応できる

□具体的に教えてもらうことで徐々に身につけていくことができる

（2）相手の気持ちや考えの読み取り（推察）

□相手の話の内容、表情・身振り、声の調子をもとに読み取ることができる

□読み取りは苦手だが、質問して相手の気持ちや考えを確かめることができる

□気持ちや考えは、言葉で明確に伝えてもらうほうが分かりやすい

2．作業遂行について

（1）指示内容などの理解

①指示内容

□判断基準を具体的に伝えてもらえると良い（「あれ・これ」「だいたい」などの抽象的な表現ではなく、「いつまで・何を・どの程度」などを具体的に示してもらえると良い）

□メモが追いつくスピードで話をしてもらえると良い

□ポイントを具体的・簡潔に示してもらえると良い（例：口頭説明では「ここがポイント」と伝えてもらう。文字での説明は短い文章で伝えてもらう）

□一度の作業の指示数は限定してもらえると良い

②理解しやすい方法

□口頭説明　□見本の提示　□文章での説明

□写真・図・絵での説明　□作業手順書・マニュアル

（2）作業に伴う確認・質問・報告
□経験のある作業であれば、自力で対応できる
□未経験作業の場合、タイミング・内容・相手などをあらかじめ教えてもらえると良い
□担当者不在の場合の質問などの方法をあらかじめ教えてもらえると良い

（3）他者との共同作業
□周りの人と随時打ち合わせをしながら対応できる
□役割分担が具体的に分かれば対応できる
□リーダーの指示がその都度あれば対応できる
□自分のペースで取り組むことができれば対応できる

4．結果の振り返り、目標設定

仕事ぶりや業務の目標設定について話し合う機会
□定期的にあると良い
□特に希望なし

5．体調管理と希望する働き方

（1）ストレス・疲労
①ストレスなどを感じやすい状況・場面

②ストレスなどのサイン

③対処方法
□自分で取り組むこと
□配慮してほしいこと

（2）通院のための休暇
□希望あり（頻度・曜日・時間帯）
□特に希望なし

（3）服薬管理のための配慮
□希望あり
□特に希望なし

③指示・報告の相手
□作業を進める時に誰とやり取りするのかが具体的に分かっていると良い
□２人以上から指示を受けた場合、適切に対応できる
□指示・報告のやり取りは特定の人に対応してもらえると良い
□担当者不在の場合、代わりに質問・報告などをすべき相手が分かっていると良い

（２）優先順位づけ、予定変更への対応
①２つ以上の指示への優先順位づけ
□経験のある作業であれば、自力で対応できる
□経験の有無にかかわらず具体的な助言があると良い
□今取り組んでいる作業が終わってから次の指示をしてもらえると良い

②作業途中での予定変更への対応
□経験のある作業であれば、自力で対応できる
□具体的に対応方法を教えてくれる人がいれば対応できる
□予定変更があることを早めに伝えてもらえれば対応できる
□今取り組んでいる作業が終わってからであれば予定変更にも対応できる

（３）正確さ・作業ペース
①作業の正確さ
□作業速度よりも正確さを優先してもらえると良い
（例：作業に慣れるまで／作業に慣れたあとも当面の間）
□正誤の判断基準、効果的・効率的な確認方法などは具体的に教えてもらえると良い
□当初、正確にできているか作業結果をチェックしてもらえると良い（正しくできていることが分かると、その後、安定して作業に取り組める）

②作業ペース
□周りのペースに合わせて作業ができる（例：流れ作業）
□比較的自分のペースで取り組める作業のほうが良い（例：単独作業）
□望ましい作業速度や改善のコツなどは具体的に教えてもらえると良い

３．安定した作業、質問・報告、共同作業など

（１）安定した作業の実施
□終日安定して作業に取り組める
□集中力を維持するための取り組み・工夫策を持っている
□途中で小休憩があれば１日○時間、安定して作業ができる

障害のタイプ別　接し方のコツ

抱えている障害の内容や程度は人それぞれで、一人として同じ症状の人はいません。そのため、採用面接では丁寧なヒアリングが必須です。

ただ、職場での円滑なコミュニケーションを可能にし、良好な人間関係を構築するために、どのような障害の特性があるかによって、ある程度類型化して傾向を整理することはできます。

ここでは障害の特性によって、７つのタイプに分類して考えてみましょう。

・職場でのコミュニケーションに困難を抱えているタイプ
・時間のとらえ方に困難を抱えているタイプ
・新しいことや変化への適応の困難さがあるタイプ
・認知のズレや偏りからくる困難さがあるタイプ

・理解力・判断力に限界があるタイプ
・空間把握や作業感覚にズレがあるタイプ
・五感に過敏さがあるタイプ

それぞれのタイプについて、特徴や、コミュニケーションを取る際にどんなことに気をつけたら良いのか、どんな工夫が有効なのかを説明していきます。

こうした基礎知識を持つことで職場の人間関係のトラブルを未然に防ぐ効果が期待できます。そして、障害のある人が働きやすくなり、能力を発揮することにつながるはずです。

◎職場でのコミュニケーションに困難を抱えているタイプ

●特徴

直接的にいわれたこと以外の意味を汲み取ることが苦手で、比喩や冗談を言葉どおりの意味でとらえてしまい、「冗談が通じない」などといわれるタイプです。また、ほかの人にいわれたことに対して歪んだとらえ方をしてしまい、人間関係に影響が出るというケースもあります。

このタイプの人は気持ちを言葉に置き換えて表現することが苦手です。また、情報量が多いと混乱してしまうので、同時並行で複数の指示を受けた時に、適切に対応することが難しい場合があります。

職場では、挨拶ができなかったり、休憩時間に会話の輪に入ることができなかったりするなどの様子が見られます。

また、周囲に気を使い過ぎてしまうことで、人に話し掛けるタイミングがつかめず、上司への報告・連絡・相談を適切なタイミングですることができなかったり、困ったことを相談できないまま抱え込んでしまったりすることもあります。

こういった特徴から、人間関係のトラブルを起こしやすい傾向があります。

●コミュニケーションのポイント

情報を共有する際には、文字や画像を使って、目に見える形で行うようにします。担当業務について、紙のマニュアルで渡すなどの工夫をすると、スムーズに必要な情報が伝達できます。また、口頭で伝えたことをあとで資料にして渡したり、メール等で形に残るようにしたりするのも良いでしょう。

仕事のことについて、質問をしたいけれど、誰に聞いたら良いのか分からないということがないように、窓口になる人をはっきりさせておきましょう。そのうえで、事前に相談者リストを作成しておくと役に立ちます。この業務についてはAさん、この業務についてはBさんというようにリストアップしておけば、誰に聞けば良いのかが明確になり、相談がしやすくなります。

ただ、相談したいことがあったり、困っていることがあったりしても、リストにある相談相手が忙しそうにしていると、本人からはなかなかいい出せずにいることもよくあります。そのため、周囲が気に掛けて様子を見守り、困っているような素振りがあれば声を掛けるようにすると、困りごとを早期に解決することができます。

本人から相談を持ち掛けることが苦手なので、定期的に話す時間を設けておくと良いでしょう。例えば、「金曜日の15時からは、話す時間にしましょう」などとあらかじめ決めておくと、困っていることがあれば、その時に相談してくれるようになります。

このタイプの人には、プレッシャーの掛からない関係づくりをしていくことが大切です。気軽に話せるような関係を構築していくために、普段からさりげなく声を掛けて、体調などを気遣うようにするのも良いでしょう。折に触れて話し掛けることで、職場でのコミュニケーションにも慣れていきます。慣れていくまでは、おおらかな態度で見守っていくことがポイントです。また、中には対面で会話をするのが苦手なだけで、チャットワークなどのメッセージツールであれば細かく思いを伝えられるという方もいます。その場合はメッセージでのやり取りメインでコミュニケーションを取ると良いでしょう。

任せる仕事を決める際には、複数の業務を試しに経験してもらってから、本人に合った仕事を決定するという方法が向いています。仕事を任せる時には、誰でも1カ月あればできるような種類の仕事から始めると良いでしょう。

仕事を依頼するたびに「ありがとう」というメッセージを伝えると、本人も自信をつけていきます。

◎時間のとらえ方に困難を抱えているタイプ

●特徴

見通しを立てて計画することが苦手なタイプです。

長期的な目標を持って行動することが難しく、スケジュール管理をしたり、作業を効率よく進めたりすることが苦手な傾向があります。

職場では、遅刻が多かったり、納期や締め切りなどの期限を守れなかったりという傾向が見られます。仕事に取り掛かることを先送りにしてしまったり、仕事の優先順位が適切につけられなかったりするので、時間までに業務を終わらせることができず、残業が多くなることもあります。

●コミュニケーションのポイント

作業工程を一目で分かるように構造化すると、全体の見通しを持って仕事を把握できるようになります。

スケジュール管理はホワイトボードなどのように、職場のメンバーが視覚的に共有できるような方法を取ると良いでしょう。

このタイプの人は、前述の「過集中」という特性が見られることがあります。仕事に集中すること自体はすばらしいのですが、そのために疲れ切ってしまい、安定して仕事ができないのでは、仕事の進捗管理が難しくなります。過集中と過度の疲労を繰り返すうちに、消耗して燃え尽きてしまい離職につながってしまうという悪循環は断たなければなりません。

過集中を防止するためには、指示を出す際に「〇ページまで終わったら休憩しましょう」などと、作業の区切りを明確に示す方法があります。

また、タイマーなどによって、時間配分を聴覚で認識できるようにサポートするという方法もあります。

タイマーをかけて作業をすることで、どれくらいの時間にどれくらいの量の仕事がこなせるのかということを本人も認識できるようになります。また、マネジメントする側にとっても、仕事の進捗が把握しやすくなるというメリットがあります。ただ、集中しているのを遮られることがストレスになる場合もあるので、注意が必要です。

遅刻が多い場合には、生活リズムが乱れているために遅れてしまうのか、それとも障害の特性によるものなのかによって対策が異なってきます。

生活リズムの乱れが原因であれば、本人の意識の問題でもあるので、長い目で見て、改善していってもらうしかありません。

眠れないなどの不眠の症状があるのであれば、かかりつけの医師に相談し、薬の処方をしてもらうという方法もあるでしょう。いずれにせよ、企業側ができることには限界があります。

このタイプには、どうしても数分だけ遅刻してしまうという人も珍しくありません。

その場合、一つの方法として、例えば、実際の始業時間の前に、植物の水やりなどの簡単な雑務をお願いしておくという手があります。その雑務のために、少し早めに会社に着いている必要があるので、必然的に始業時間に間に合うというわけです。

加えて、「あなたのおかげで観葉植物が元気になって、みんな喜んでいるよ。ありがとう」などと声を掛ければ、本人の自己肯定感を上げることにも役立ちます。

遅刻した際、障害があるからといって特別扱いをすると、周囲の社員が不満に思うようになりますし、本人のためにもなりません。遅刻した分は勤務時間から引いて、それが給与にも反映されるようにしておけば、周囲も納得するでしょう。

このタイプには、時間に制約があったり、納期が厳しかったりするような仕事は避けるようにしましょう。

◎新しいことや変化への適応の困難さがあるタイプ

●特徴

予定の変更に対応することが苦手で、一度決まった内容を覆すことがなかなか受け入れられない傾向があります。そのため、一度覚えた手順やルールなどに変更が加わると、対応できなくなってしまうことがあります。

仕事を頼む側としては、一つの仕事に慣れれば、似たような別の仕事もできるだろうと考えて依頼してしまいがちですが、本人にとっては新しい別の仕事と認識してしまい、大きなストレスを感じます。

予告なく新しい仕事をさせられることが苦手で、1日のスケジュールや1週間の予定などが急に変更になったり、突発的な業務や指示が入ったりすると、対応できないことがあります。

また、慣れた場所や環境が変わることで、今までできていたことができなくなってしまうという可能性もあります。

変化が苦手なため、一度失敗したことへの再チャレンジや、新しい業務へチャレンジすることに抵抗を示す傾向があります。

●コミュニケーションのポイント

既存の環境や予定などが急遽変更になると対応できないので、もし変更が生じる場合は、できる限り早めに情報を共有しておくことが大事です。

新しいことへのチャレンジは、スモールステップで段階的にクリアしていくことで、本人も自信をつけていきます。全体の見通しを示したうえで、どのようなステップを踏んでいくのかを明らかにすると、不安を軽減させることができます。

このタイプは、教育担当の社員など自分が頼りにしていた存在が異動することによって、調子を崩してしまうことがあります。

異動がある場合は、できるだけ早めに告げるようにし、後任者へ確実に引き継ぎを行う必要があります。

会社である以上、どうしても人事異動は避けられません。いずれは異動の可能性があることを見越して、障害のある人のサポートはチームで行える体制を整えておくことが大切です。

理想としては、現場の教育担当、上司、人事担当、本人とで、定期的に面談を行うようにしておくと良いでしょう。そして、話した内容はきちんと記録に残して共有しておきます。あとで、伝えたはずのことが伝わっていないというトラブルを防ぐためです。

本人も、自分を含めた複数の社員で面談をしてもらうことで、自分についてどのような情報が誰にどの程度共有されているのかが分かるので、その職場で働いていくうえでの安心にもつながります。

このタイプは、同じ作業を繰り返し行うような仕事に適性があります。一定のルールに基づいて、同じやり方で繰り返すようなルーティン業務で力を発揮することができます。例えば、出退勤管理や郵便物の管理などといった種類の業務がこれにあたるでしょう。

◎認知のズレや偏りからくる困難さがあるタイプ

●特徴

こだわりが強く自分のやり方に固執してしまう傾向があります。思い込みが激しく、人の言葉や行動を誤って解釈することがあります。

認知のズレや偏りによって、自分の仕事ぶりを過大評価したり、過小評価したりしてしまうことがあります。

また、相手はアドバイスのつもりでいっているのに、それを叱責されているととらえてしまうことがあったり、ほかの人が注意を受けているのを聞いて、自分のことであるととらえてしまったりすることがあります。

ルールを守ることが苦手な傾向もあります。

これらの特徴から、人間関係のトラブルになることも多く、それが原因でメンタルの不調に陥ることもあります。

●コミュニケーションのポイント

ルールについて説明する際には、その背景や意味を含めて説明するようにしましょう。「こういう決まりだから」などと頭ごなしにルールを押しつけると、余計に摩擦が大きくなります。

仕事を頼む際には、なぜこの仕事をやっているのかという背景から説明し、なぜこのやり方なのかという理由も含めて説明するようにします。

それらはできるだけ具体的に伝えましょう。理解しやすいように、できるだけ内容を切り分けて、理解しているかを確認しながら説明するようにしていくと、正しく伝わりやすくなります。

そして、繰り返しになったとしても、何度でも同じことを伝えて、様子を見ながら認知のズレを是正します。

日常の業務については、その日に行う業務について、その都度、指示書の形にして提示すると誤解を減らせるでしょう。

職場で人間関係のトラブルになった時は、双方の言い分をしっかり聞いて、納得のいくように話し合うことが必要です。

自分のことを過小評価していることもあるので、褒めることにより仕事ができているということをフィードバックすると、自信をつけていきます。

このタイプの人は、自らが納得するまで仕事に打ち込む姿勢や、ほかの人が気づかないようなちょっとした違いに目が届く用心深さ、独特の発想力などを持っています。そういった自分のこだわりや、その人独自の感覚がプラスに作用した時、会社にとってかけがえのない人材となる可能性があります。

配属する際は、本人のこだわりと会社の方針の妥協点を見つけ出して対応できる、穏やかで面倒見の良いタイプの人物をキーパーソンとしておけると理想的です。

◎理解力・判断力に限界があるタイプ

●特徴

自分で判断して業務を進めるのが苦手なタイプです。複数の業務を同時並行で行うことも苦手な傾向があります。

また、情報量が多いと対応できないことが多いようです。

教えたことをすぐに忘れてしまったり、何度説明してもなかなか仕事を覚えられなかったりすることがあります。

指示が具体的でないと、本人はどうして良いのかが分からなくなって、呆然としてしまうこともあります。

自分が意見を求められることに対して、過剰なプレッシャーを感じる傾向があります。

●コミュニケーションのポイント

一つの仕事について、ゆっくりと時間を掛けて覚えていくタイプなのだと考えて、温かい目で見守り、分かるまで繰り返し伝えることが必要です。

自分でマニュアル等を読み込んで理解することが苦手なので、業務の説明をする時には、フローチャートを用いたり図解化して見せたりしながら進めると理解しやすくなります。

一度に複数の指示をすると混乱してしまうので、無理なく理解できる分量や内容に切り分けて説明するようにしましょう。

このタイプの人は、本人が最も得意とする作業を専任にしたり、社員が各々で行っていた単純作業を切り出して任せたりすると無理なく仕事ができるでしょう。

◎空間把握や作業感覚にズレがあるタイプ

●特徴

人や物との的確な距離感を持つことができないタイプです。

そのため、作業に慣れる頃のはずなのに、なかなかスピードが上がらないなどということがあります。

また、手先の不器用さのために細かい作業ができなかったり、成果物が雑に見えたりすることがあります。

人との物理的な距離感がつかめないので、必要以上に他人に近づき過ぎることがあります。

作業スペースやデスクなどの整理整頓ができず、うっかりミスがよくあります。

●コミュニケーションのポイント

客観的に見て、作業のスピードが遅く、質も期待しているレベルに達していないようでも、本人は一生懸命やっていることがほとんどです。周囲の人と同じようにしているつもりなのに、スピードや質が平均的なレベルに達しないということもあります。

このタイプには、単に作業の手順やコツを伝えるだけでなく、実際に作業の動きをまねしてもらって、手や体の使い方を覚えてもらうようにします。周囲にベテランの社員を配置し、作業の動きや完成度を見たり、作業スピードを目にしたりすることで、自分の仕事ぶりについて客観的に認識できるようになります。

また、人や物との的確な距離感を持つことが苦手なため、危ない場所に近づき過ぎてしまうことがあります。危険を防止するためには、色や線を使うことで、空間認識力を強化するという方法があります。例えば、作業ごとに使う道具を色分けしたり、近づくと危ない箇所には境界線を引いたりといったことです。このように職場の作業環境を改善していくと、それは万人にとっても、安全で効率の良い環境になり得ます。

このタイプの人には、どんな作業が向いているのかを初期段階で見極めることが大切です。一通りの仕事を経験してもらってから、本人にいちばん合っていると思われる仕事を割り振ると良いでしょう。

◎五感に過敏さがあるタイプ

●特徴

視覚・聴覚・嗅覚・味覚・触覚のいずれか、もしくは複数の刺激に過敏なタイプです。五感のうち、どの刺激に弱いかによって、特徴は変わります。

視覚や聴覚の刺激に過敏であれば、周りの音や動きが気になって、仕事に集中できなかったり、周囲で会話している人がいると、自分への指示が聞き取れなくなってしまったりすることがあります。

触覚の刺激に過敏な人は、制服や作業着を着用することに抵抗を感じる人もいます。暑さや寒さに極端に弱いため、空調設備の温度を自分でコントロールできない環境での業務に困難を覚える人もいます。

嗅覚の刺激に過敏な人は、健常者が何も感じないレベルの匂いまでも感知してしまうため、匂いによって気分が悪くなってしまうことがあります。

●コミュニケーションのポイント

事前の面談で、どの感覚がどのくらい鋭いのかというのを把握し、職場内でも確実に共有することが大切です。そのうえで、本人の苦痛を最大限減らせるように、工夫をしていく必要があります。

例えば、視覚が過敏な場合は、パーティションなどを用いて視界を遮るようにします。聴覚が過敏であれば、耳栓やヘッドホン、イヤーマフなどの使用を許可し、周囲にも誤解のないように周知します。嗅覚が過敏であれば、採用面接時などの機会に職場へ案内して、その環境で問題なく過ごせるかを確認しましょう。

制服や作業着などの着用が必須の職場の場合、触覚が過敏な人には面接時に袖を通してもらって、違和感がないかを確認しても良いでしょう。

五感が過敏であるということは、その感覚が優れているということでもあります。鋭い感覚を活かせる業務があればベストですが、なかなかそううまくいくとも限りません。職場では本人が過ごしやすくなるよう、さまざまな工夫をしていくことが大切です。

リモートワーク環境整備のメリット・デメリット

2020年からの新型コロナウイルスの流行によって、多くの会社でリモートワークが行われるようになりました。リモートワークで快適に仕事ができた人もいれば、大きなストレスを抱えることになった人もいたのではないでしょうか。

それは障害のある人にとっても同様です。

自宅などの慣れた場所で、自分のペースで仕事ができるほうが良いという人もいれば、職場を離れてしまうことで気軽に誰かに相談できない環境におかれて、不安を抱える人もいます。

音に過敏なタイプや、同時に2つのことを進行するマルチタスクが苦手なタイプなどであれば、仕事環境を完全に自分でコントロールできるスペースで、自分のペースでできるリモートワークは願ってもない働き方かもしれません。疲れやすく、毎日の通勤が負担になるという人にも同様でしょう。

僕の会社では在宅勤務をするか出社するかは、基本的に本人の希望で決めています。在宅勤務の方には仕事をある程度まとめて渡し、チャットワークなどのツールでフィードバックを行っています。また、一人ひとりに合わせて負担を掛け過ぎない程度のノルマを月ごとに設けているのですが、そのノルマを細分化して、「今日はここまではやってくださいね」と指示を出すようにしています。

割合でいうと在宅勤務をしている方が多いですが、人とのコミュニケーションを大切にしている方は出社を希望されることが多いです。在宅勤務希望者には、コミュニケーションが得意でなく、対面で指示されると相手の言葉に棘を感じて傷つきやすいという方が多いと感じます。そういった方にとっては、在宅でチャットワークを通してやり取りをする距離感のほうが合っているのでしょう。

ただ、在宅勤務になると、コミュニケーションが画面越しや、電話越しにならざるを得ません。そうすると、職場で実際に接していた時には気づけたような、ちょっとした変化を見逃してしまうことがあります。

障害のある人がリモートワークを利用する場合は、何か困っていることはないか、マネジメントする側や、教育担当の社員が、いつも以上に気に掛ける必要が出てきます。

僕の会社ではリモートワークにおけるマネジメントの一つの基準として、ノルマの進行スピードをチェックしています。伝えたノルマの進行スピードが一定であれば安定していると判断し、スピードに波があれば環境の変化等があったのではないかと考えるのです。

そして、波がある場合には電話で生活状況の変化についてヒアリングし、不安要素を取り除いたりします。

就労継続支援A型事業所の施設では、緊急事態宣言が出されて在宅での勤務に切り替えた時、自宅での勤務の様子を報告してもらうために、週に1回のペースで、定期的に出社してもらうことにしていました。すると、多くの方が、出社して職員の顔を見た途端、話題が次から次へと溢れ出して止まらないほど話し続けていました。まるで、溜め込んでいた思いをすべて吐き出すかのように話し尽くすと、すっきりした様子で帰っていくのです。

このような状況を踏まえると、福祉の現場の肌感覚では、障害のある人はリモートワークに向いていない人の割合のほうが多いというのが印象です。ただ、障害の特性によっては、リモートワークのほうが力を発揮しやすいという人がいるのも事実です。

いずれにせよ、リモートワークを導入するのであれば、物理的な距離があっても定期的に相談できるような体制をつくっておくことが大切です。

第5章

定着率94%を実現！

障害者が安定して働ける フォローアップ体制の 構築

仕事場に何でも悩みを相談できる「キーパーソン」をつくる

僕の会社では障害のある人の定着率が94%を超えています。障害者雇用の定着率が5〜6割程度であることを考えると、これは相当高い数字といって良いでしょう。

定着率を高めるフォローアップ体制を構築するうえでまず大切なのは、職場に「キーパーソン」をつくることです。

ここでいうキーパーソンの役割は、仕事の指示を出したり、障害のある人に頼む仕事を集約して進捗を管理したりするほか、障害のある人と周囲の社員との橋渡し役になったり、障害が原因で起こる困りごとが減るようにサポートしたりといったことが挙げられます。また、働いていくうえでの悩みを相談できる存在にもなります。

どんな人がキーパーソンに向いているかということは、一概にはいえません。人間同士のことなので、「相性」があるからです。ただ、障害のある人とキーパーソンとの年齢や性別をそろえると、スムーズにスタートできることが多いようです。

例えば、発達障害のある20代女性のキーパーソンとして、40代男性を配置したとしてみましょう。

発達障害のある女性の場合、一般的な場合よりも生理中の不調が重くなる傾向があるといわれています。キーパーソンとなる男性が温厚な人柄で聞き上手でもあり、業務の教え方にも長けているとしても、生理からくる不調については、なかなか相談しにくいと思います。男性側としても、女性特有の問題はなかなか聞きづらく、また相談されたとしても理解しづらく男性の立場からアドバイスをすることは難しいでしょう。

あるいは、精神障害のある50代男性のキーパーソンとして20代男性がついたケースを考えてみましょう。年齢が離れていると、共通の話題を見つけることも難しいほか、仕事を教えてもらう側が「年下から指示される」ということに抵抗を感じる場合もあります。

そのため、雇用した障害者の様子を完全には把握できていない初期の段階では、同性で、年齢の近い人をキーパーソンとするほうが成功しやすい傾向があるというわけです。

社外の支援機関を活用する

人材の定着を図るためには、社内だけでなく、外部の支援機関と連携することも有効です。厚生労働省の「平成30年度障害者雇用実態調査結果」によれば、「障害者就業・生活支援センター」や「公共職業安定所（ハローワーク）」などと連携している企業が多いことが分かります。

障害者就業・生活支援センターは、障害のある人の仕事に関すること、生活に関することを一体的に支援する専門機関です。職業訓練、就職活動、職場の定着、日常生活の安定など、就業とそれに伴う日常生活、社会生活上のサポートを行っており、障害のある人はもちろん、その家族からの相談にも応じています。それぞれの地域で、ハローワークや障害者職業センター、福祉施設、特別支援学校などの関係機関との連携拠点となっています。

また、公共職業安定所（ハローワーク）については、一般的には職業紹介のイメージが強いかもしれませんが、障害のある人のために、専門の職員・相談員を配置し、ケースワー

障害者の雇用継続・職場定着のための状況
～勤務先と関係機関の連携について～（複数回答）

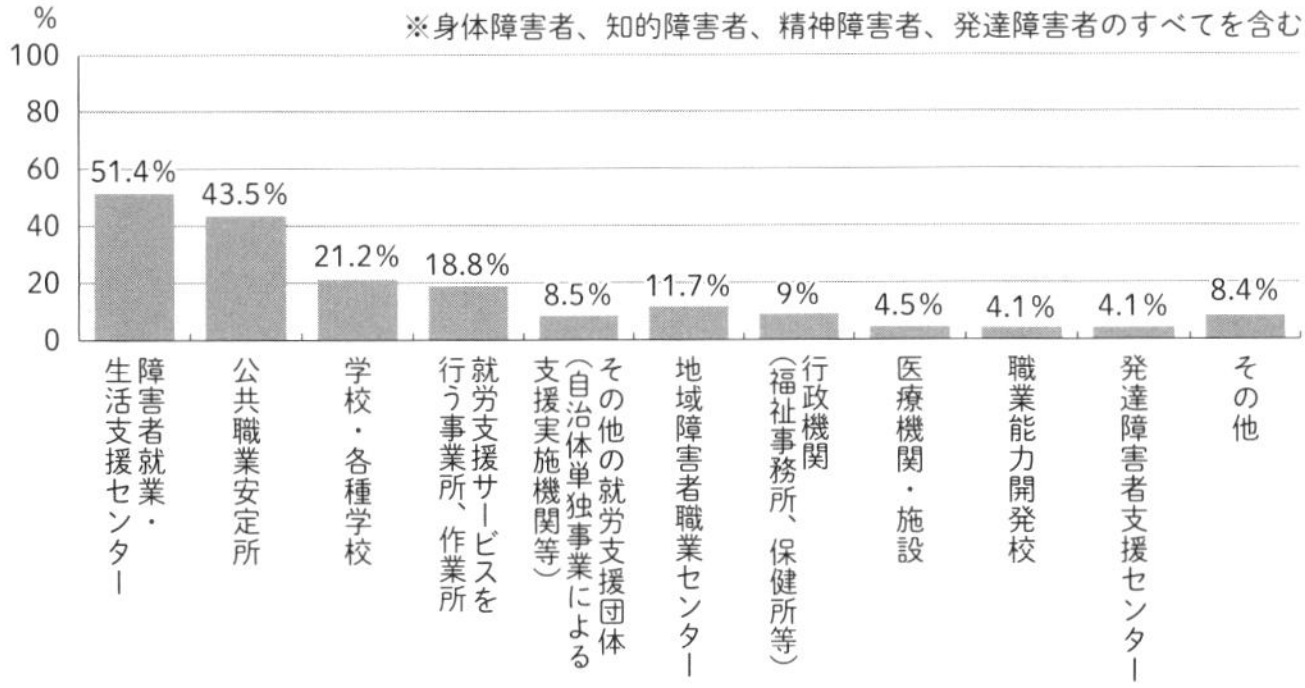

参考：厚生労働省「平成30年度障害者雇用実態調査結果」

ク方式で、求職の申し込みから就職後のアフターケアまで一貫した職業紹介・就業指導等を行っています。

ここで、障害のある人の就職や職場定着をサポートしてくれる機関について、一通り説明しておきましょう。その形態は多様で、国や独立行政法人によって運営されている公的な専門機関や、社会福祉法人や民間企業によって運営される就労移行支援事業所など、さまざまなものがあります。

◎公共職業安定所（ハローワーク）

全国に544カ所設置されているハロー

ワークでは、就業を希望している障害者の求職登録、職業紹介、就職後のケアまでを一貫して利用できるようになっており、地域の就労移行支援機関の中心的な役割を担っています。専門の職員や職業相談員が配置されており、障害の種類や程度に応じた対応ができるような体制が整えられています。

精神障害者雇用トータルサポーターを配置することで、求職者へのカウンセリングや就職に向けた準備プログラムを実施するだけでなく、事業主に対しても精神障害者等の雇用に関わる課題解決のための相談を受けたり、サポートを行ったりしています。

◎地域障害者職業センター

地域障害者職業センターは、独立行政法人高齢・障害・求職者雇用支援機構が運営している施設です。障害者職業カウンセラーが配置されていて、それぞれの障害者のニーズに沿った職業評価や職業指導、職業準備支援、ジョブコーチ支援等を行っています。また、事業主に対しても、雇用管理に関する助言等をしています。

◎障害者就業・生活支援センター

障害者就業・生活支援センターは、都道府県知事が指定した社会福祉法人、ＮＰＯ法人等が運営している施設です。地域において、雇用・保健・福祉・教育等の関係機関と連携しながら、就業面や生活面について、職場や家庭への訪問等を通して相談支援を実施しています。

就業面については、職業準備訓練や職場実習のあっせんを行ったり、就職活動や職場定着のための支援を行ったりします。加えて、障害特性を踏まえた雇用管理についてのアドバイスや関係機関との連絡調整などを行います。

生活面については、生活習慣の形成や健康管理についての助言のほか、金銭管理等の自己管理に関するアドバイスもしています。また、住居などの生活設計への助言や、余暇活動などの地域生活への参加の支援も行います。

◎就労移行支援事業所

就労移行支援事業所は、株式会社や社会福祉法人、医療法人、ＮＰＯ法人などによって運営されている障害福祉サービスです。一般就労を目指す65歳未満の障害者で、通常の事業所に雇用される可能性がある人に対して、標準的な支援期間を2年以内と設定して、就労移行支援事業所内での作業体験や企業実習のほか、適性に合った就職先を探したり、就職後の定着支援などを行ったりしています。

◎就労継続支援事業所

就労継続支援事業所とは、通常の事業所に雇用されることが困難な障害者に就労の機会を提供し、知識や能力を向上させるために必要な訓練を行う事業所のことです。これには「就労継続支援A型事業所」と「就労継続支援B型事業所」があります。A型とB型の大きな違いは、雇用契約があるかどうかということです。

A型事業所では、障害のある人と事業所との間に雇用契約が結ばれます。この雇用契約により、労働法の適用を受けることとなります。そのため、A型事業所で働く障害者は法律により労働者として保護され、都道府県で定められた最低賃金が保証されます。

これに対し、B型事業所で働く場合は、雇用契約が結ばれないため、最低賃金は保証されません。実際に行った作業に対する工賃のみが支払われるということになります。

こういった支援機関の中には、独自の支援プログラムを設けているところもあります。例えば、僕たちの請負先であるNPO法人リアンの就労継続支援A型事業所には「36カ月応援プロジェクト」と呼ばれるプログラムがあります。

このプログラムは「36カ月という期間を目処に、正社員としての一般雇用を目指す」というもので、「訓練ステージ」と「就労ステージ」に分かれています。

利用者は最初の1~6カ月の訓練ステージで、OJTやOFFJTにより仕事内容を覚えたり、就労先の企業との間で価値観を理解し合ったりします。訓練ステージの間は「福祉的就労（一般企業での就労が難しい方が、就労継続支援事業所などで援助してもらいながら働くこと）」という形になります。

訓練ステージを終えると、「一般就労」で能力を成長させていく、就労ステージに進みます。

もし1回目の就労ステージで適職に巡り合えなければ2回目の訓練ステージに入り、再び１～６カ月のＯＪＴやＯＦＦＪＴを経て、２回目の就労ステージへ挑戦します。このようにして、完全に会社に定着できるまで、サポートしていくのです。

仕事面、生活面から支援する「ジョブコーチ」制度の活用

このような外部の支援機関を上手に活用しながらも、目指すべきは職場の上司や同僚による「ナチュラルサポート」です。

ナチュラルサポートとは、障害のある人が働き続けるために必要なさまざまな援助を、職場の上司や同僚などが、自然もしくは計画的に行うことです。職務遂行のための援助だけでなく、昼食や休憩時間などの手助けや、対人関係の調整などもこれに含まれます。

障害のある人が活躍している職場では、周囲も「支援」と意識しないままに、日常的に助け合うことが行われています。

そういった職場では、上司や同僚はもちろん、障害のある人の家族も含む人たちの間で、「どのような配慮がないと問題が生じるか」ということが共有されています。この共通認識を形成していくためのサポートをするのが「ジョブコーチ」です。

ジョブコーチに関しては、厚生労働省が行っている事業として「職場適応援助者（ジョブコーチ）支援事業」があります。これは、障害者が職場に適応していくうえで課題を抱えている場合に、ジョブコーチが職場を訪れて、障害の特性を踏まえた専門的な支援を行い、障害者の職場への適応を図ることを目的とした事業です。

ジョブコーチは、障害者本人だけでなく、事業者への支援も行います。

障害者に対しては、作業の効率的な進め方や職場での従業員との関わり方などについてアドバイスします。障害の特性に応じて、体調や生活リズムの管理に関する支援も行います。また、場合によっては家族への支援を行うこともあります。

事業主に対しては、障害の特性に配慮した雇用管理に関する支援を行ったり、職務内容や配置に関する支援を行ったりします。障害の特性に基づいて、力を発揮しやすい作業の提案を行ったり、障害の特性を踏まえた仕事の教え方やコミュニケーションの取り方を伝えたり、障害の理解に関する社内啓発などについてアドバイスしたりもします。

支援期間は1～8カ月となっており、標準的な期間は2～4カ月ですが、期間は企業の事情により異なります。

支援の初期にあたる「集中支援」の期間には、週に3～4日ほど勤務先を訪問し、職場に適応するうえでの課題を分析して、集中的に改善を目指します。徐々に課題が解決され、「移行支援」の期間に入ると、訪問回数は週に1～2日ほどになります。企業の管理監督者や人事担当者、職場の上司や同僚に支援のノウハウを伝えたり、職場のキーパーソンを育成したりすることで、支援の主体を徐々に職場に移行していきます。

支援期間が終了したあとも、必要に応じてフォローアップを行います。

ジョブコーチには、「配置型」・「訪問型」・「企業在籍型」の三種類があります。

配置型は、地域障害者職業センターに配置されるジョブコーチで、事業所に出向いて支援します。訪問型ジョブコーチや企業在籍型ジョブコーチと連携して支援を行うこともあります。その際は、効果的・効率的な支援が行われるように、助言をしたり援助をしたりします。

訪問型は、就労支援を行っている社会福祉法人などに雇用されているジョブコーチが事業所に出向いて支援をするタイプです。高齢・障害・求職者雇用支援機構が実施する、もしくは厚生労働大臣が定める「訪問型職場適応援助者養成研修」を修了し、必要な相当程度の経験や能力のある人が担当します。

企業在籍型は、自社の従業員がジョブコーチ養成研修を受けて、自社で雇用する障害者の支援を行うというタイプです。高齢・障害・求職者雇用支援機構が実施する、もしくは厚生労働大臣が定める「企業在籍型職場適応援助者養成研修」を修了する必要があります。

養成研修では講義中心の集合研修と、演習やケーススタディを中心とした実技研修があります。研修によって、ジョブコーチの役割、障害特性と職業上の課題、支援計画に関する理解等を学びます。

養成研修後、初めて支援を行う時は、地域障害者職業センターに在籍するジョブコーチとペアになって行います。経験豊富なジョブコーチとともに支援をすることで、実務にあたりながらノウハウを学ぶことができるようになっています。

企業在籍型のジョブコーチが支援をする場合には、助成金を活用することができます。障害者雇用安定助成金（障害者職場適応援助コース）として、障害のある労働者の職場適応のために、地域障害者職業センターが作成または承認する支援計画で必要と認められた支援を、企業在籍型ジョブコーチに実施させた事業主に対して助成金が支給されます。

金額は、次の表で示した対象労働者一人あたりの月額に、支援計画に基づく支援を行った月数を掛けた額（最大6カ月）となります。

養成研修終了後、6カ月以内に初めての支援を行った場合は、受講料の半額が支給されます。

しかし、養成研修を修了するには、集合研修と実技研修を合わせて8日間程度掛かります。時間と労力が掛かるうえ、担当者の異動や退職があると、また新たな担当者が研修を受ける必要があるため、配置型や訪問型を選ぶ企業が多いようです。

ジョブコーチによる支援は、障害のある人が割り振られた業務を遂行し、職場に適応し

障害者雇用安定助成金（障害者職場適応援助コース）

	対象労働者	支給額（一人あたり月額）	
精神障害者	短時間労働以外の者	中小企業 12万円	中小企業以外 9万円
	短時間労働者	中小企業 6万円	中小企業以外 5万円
精神障害者以外	短時間労働以外の者	中小企業 8万円	中小企業以外 6万円
	短時間労働者	中小企業 4万円	中小企業以外 3万円

ていくために、具体的な目標を定め、支援計画に基づいて行われます。

雇用前からジョブコーチに入ってもらうこともできますし、雇用と同時でも、雇用後でも、必要なタイミングから支援を受けることができます。

僕の会社で実際にジョブコーチの支援を受けているGさんの例を紹介しましょう。

Gさんには、環境適応障害があります。デザインのセンスを発揮してパンフレットなどを作成するデザインの仕事をしていて、一見順調なように見えていましたが、職場に対して不安なことがあっても、それを誰に伝えれば良いのか分からずに抱え込んでしまっていました。

ジョブコーチが聞き取りをする中で、そういった情報を得た時には、障害者と企業の橋渡しをします。もしジョブコーチを利用していなかったら、Ｇさんは不安を抱えたままになって、調子を崩してしまったかもしれません。

ジョブコーチは本来は働いているところへ出向くのが原則ですが、人によっては支援を受けていることを同僚に知られたくないという場合もあります。また、ジョブコーチが間に入って企業とやり取りすることで職場での関係性が悪化するのを心配する人もいるので、その場合は相手に応じた形での支援をしていきます。

企業がジョブコーチを活用する場合の問題点としては、次のような点が挙げられます。

・ジョブコーチが介入することで、障害のある人や事業所の双方がジョブコーチに依存してしまうこと
・長期間の一対一の支援はコストが掛かり過ぎること

ジョブコーチという専門家の存在は、初めて障害者雇用をする会社にとってはたいへん心強いものです。障害のある人にとっても、専門知識をもってサポートしてくれるジョブコーチは頼りがいのある存在となります。

しかし、ジョブコーチが職場適応のために必要なことを指導し続けるというのは、技術的にも制度的にも非常に難しいといわざるを得ません。ジョブコーチの役割は、現場の上司や教育担当による「ナチュラルサポート」が機能するように支援をすることです。いずれは自分たちが支援の主体となるのだという意識を持ちながら、ジョブコーチ制度を上手に活用しましょう。

今後期待される「ピアサポート」

ここまで、障害のある人をいかにして「支える」かという話を進めてきましたが、「支え合う」という形のサポートもあります。

近年、福祉の支え合いの現場で注目を集めている言葉に「ピアサポート（peer support）」というものがあります。

例えば、同じ学校に通っている生徒同士、同郷の人同士、同じ年齢の子どもを持つ親同士など、おかれている環境や状況、経験などについて、なんらかの共通項や対等である感覚を見いだせる関係性を、広い意味での「ピア」と読んでいます。同じような境遇にある人同士は、似たようなことに悩んだり、同じような課題を抱えたりしているものです。共通項を持つ人同士であれば、悩みや課題を分かち合い、対等に話し合い、困った時には助け合うことができます。

こういった共通項と対等性を持つ人同士が支え合うことを意味するのがピアサポートです。ピアサポートという言葉は最近になって普及し始めましたが、考え方自体は、もともと「セルフヘルプ」として日本にも根づいていました。

その歴史を簡単に見てみましょう。

日本で、同じ障害や疾患などを抱える当事者たちが集まってグループをつくるようになったのは１９６０年頃からです。「自助」と「相互援助」の二つの面を持つ「セルフヘルプグループ」が結成されるようになりました。これは、専門職の人による支援だけに頼るのではなく、当事者としての自分の力や、仲間同士のつながりによって生まれる力も大切にしていこうという考え方に基づいています。

１９７０年以降、グループの数は増え、内容も多様化しながら発展してきました。

ピアサポートの根幹にも、社会的に弱い立場にある当事者たちの持つ力や権利を取り戻し、守ろうという視点があります。そして、共通項や課題を共有している人同士が集まることで、目の前にある課題を乗り越え、社会的にも大きな変化をもたらす力を生み出そうとします。

障害者雇用の場面においても、ピアサポートの考え方は大いに役に立つと僕は考えています。

障害のある人にとって、特に目に見えない精神障害の場合は、経験のない人にはなかなか理解されづらい部分もあります。偏見や先入観をもって見られてしまう部分もあるでしょう。

しかし、同じ障害のある人同士であれば、障害の特性による苦労や困難を共有することで、信頼関係も生まれやすいでしょう。分かり合える部分も多くあるはずなので、心を開いて相談しやすくなります。

僕自身は障害を持ってはいませんが、大人のいうこと、社会のルールに従うことができず、道を踏みはずしてしまい失敗しました。いわば人生で大きな挫折を味わったのです。そうした挫折があり、周囲の人から特別な目で見られるという経験から、多分一般の人たちよりも、障害者の人たちの周囲のルールが理解できない気持ちや、ほかの人たちと一緒じゃないことに対する非難を受けた孤独感などが理解できます。今でも1日に3回は障害者の人と話をする時間を設けていますが、そうした共通点があるからこそ、障害者の人たちが心を開いて相談してくれるのだと思います。

ピアサポートは、それを一歩進めたようなコミュニケーションです。

自身にも障害や疾病などの経験があり、その経験を活かして支援の現場で働き、仲間のために支援をする人のことを「ピアサポーター」と呼びます。障害のある人からすれば、同じ障害のある人が一足先に会社になじんで活躍している姿を見れば、きっと前向きな気持ちになれることでしょう。ロールモデルとして、これから先の働き方の道しるべになできるかもしれません。

サポートする側としても、自分の過去の経験や気持ちをもとにアドバイスができ、目の前の人の役に立っているという感覚を得られて、働くことへのモチベーションが、より上がるという効果もあります。

障害者雇用を行う際は、どうしても人事や現場の教育担当者が、障害に対する「知識」を身につけて、それに基づいて対応するので事務的になりがちです。もちろん、障害の特性についての正しい知識は必要です。しかし、それだけでなく、障害の特性や独特の考え方や気持ちに対する「共感」をベースにしたコミュニケーションができる人がいることで、障害者の定着を、より円滑に進めることができます。

まずは障害者の最初の1人を採用し、定着に導くことに成功すれば、その定着した1人がピアサポーターとしての役割を担い、あとに続く人たちの支えになっていきます。

専門家から一方的に支援を受けるという形ではなく、同じような経験や立場にある人同士がつながることで、「支え合う」という関係が生まれます。支えられる側はもちろん、支える側にとっても、恩恵をもたらすのがピアサポートなのです。

ピアサポートは、支援する側と支援される側との相性もあり、人によっては、同じ障害だからといって分かり合えるわけではないと考えられる場合もあります。必ずしも万能といえるわけではありませんが、支援の一つのあり方として、有効な面が大きいのではないかと期待しています。

第6章

障害者は「コスト」ではない、貴重な「戦力」だ！

障害者の才能を企業の成長に活かすために必要なこと

Hさんが就労継続支援A型の施設にやってきたのは、30代半ばの頃でした。服装や本人の醸し出す雰囲気は、おとなしくて真面目そうな感じで、当初は、

「就労継続支援A型に通えたらそれで十分です」

と話していました。

Hさんは「統合失調症」という障害があります（のちに発達障害もあるということが判明しました）。ヒアリングの際に、パソコンを自作できるほどの専門知識とスキルを持っていることが分かりました。

そんなHさんに最初にお願いした仕事は、パソコンを用いた書類作成でした。

Hさんは、片道1時間掛けて、日々遅刻することもなく通ってきましたが、なかなか真剣に仕事に取り組めずにいました。

業務中に突然お菓子を食べ始めたり、仕事を放棄したり。また、ほかの利用者さんの様子を見て、「同じ時給であの人は何もしていないのに、自分だけ働くのは嫌だ」と文句をいったりするなど、幼稚な言動も見られました。これにはベテランの職員も頭を抱えるほどでした。

しかし、今やＨさんは施設にはなくてはならない人になっています。

その変化をもたらしたのは、Ｈさんの上司のＩさんの存在でした。

Ｈさんが入ってからしばらくして、上司となるＩさんが入ってきました。Ｉさんは、パソコンのトラブルがあるたびに、Ｈさんを呼んで、

「ちょっと見てくれへん？」

と尋ねました。パソコンを自作するレベルのＨさんにとっては、どれも些細なトラブルでした。瞬時に原因を突き止め、トラブルを解決していきます。

それを見た上司のＩさんは

「ありがとう！　めっちゃ助かったわー」

とみんなの前でＨさんを大いに褒めるのです。

そんなことが何度もあるうちに、明らかにHさんの様子が変わってきました。

まず、仕事に集中して取り組めるようになりました。仕事中にお菓子を食べ始めるなどの問題行動もなくなりました。

今では、職場でパソコン関連のトラブルがあれば、みんなHさんに相談に行きます。

Hさんが持っている知識は、変化の前とあとで大きな差はありません。しかし、その知識を活かせるようになったのは、「周囲が自分を必要としてくれる」「自分は役に立っている」という感覚を持てたからです。

Hさんのように、最初は積極的に仕事に取り組めなかったり、なかなか周囲になじめなかったりするケースは多いかもしれません。しかし、周りから自分の得意なことや、好きなことを認めてもらった途端、その能力を活かして活躍できるようになったり、場合によっては、今まで誰も思いつかなかったような新たな提案ができたりすることもあり得ます。

その後、Hさんは徐々に周囲に心を開くようになっていきました。最初の頃は、周りの人と世間話をすることなどほとんどなかったHさんですが、今では顔見知りのスタッフに自分から挨拶して話し掛け、プライベートな話も自分からしてくれるほどになじんでいると聞きます。

障害のある人は、健常者とされる人に比べて、力が発揮できるようになるまでには時間や手間が掛かることが多い傾向があります。そのため、長い目で見て、付き合っていくことが必要になります。

そして、「役に立っている」という感覚を得られるように、周囲が仕事ぶりに対して感謝の気持ちを表現することが大切です。少し大げさなくらいでも良いかもしれません。「〇〇さんが褒めていたよ」などと、第三者の言葉を伝えるのも良いでしょう。

少人数のチームの中でも、自分がそこにいることで良い効果が生まれると実感できると、ここで紹介したHさんのように、劇的に変化するケースは少なくありません。

それに加えて、経営者が心掛けるべきことは、働きに見合った報酬を用意するということです。役職や職種、仕事の熟練度などによって、給料の金額が変わるのは当然のことです。背負っている責任も違えば、仕事に掛ける労力も違うわけで、それらは正しく反映されるべきだからです。

すべての人に均等にというのは、一見平等に扱っているように見えますが、実際は、より多く貢献している人を不当に扱っているということになります。

障害者雇用の際も同じです。きちんとその人の働きに見合った報酬を示すことで、本人は公正に扱われているという感覚を得ることができます。

僕の会社は大阪市中央区内本町に本社をおいていますが、ここは弁護士事務所や行政書士事務所などの多い、士業の町です。その立地を活かして法律事務所で発生する事務作業も請け負っています。ソフトを使ったルーティン業務ではありますが、法律関連の事務は通常の事務よりも単価が高いので、その分を働く人の給与に反映することができます。

そのため、僕の会社では障害のある人が、平均的な賃金よりも高い金額を得ることができています。

そのうえで、同じ業務を行っているのに、雇用形態で差をつけるということは避けるべきだという考えから、僕の会社では、アルバイト社員にもボーナスを支給しています。

障害者雇用において、こういった金銭面の待遇も働くためのモチベーションになります。

自分が周囲の役に立っているとか、自分の仕事が誰かの役に立っているという感覚を持てること。そして、一人の社員として公正に扱われているということ。そういった条件がそろえば、障害のある人も、それを支える周囲の社員も、前向きな気持ちで力を合わせて、日々仕事に取り組めるのではないでしょうか。

特例子会社が秘める可能性

ここまで、自社で障害者を雇用することについて説明してきましたが、障害者を雇用するうえで、「特例子会社」を設立するという方法もあります。特例子会社とは、障害者の雇用の促進と安定のために設立した子会社のことです。

一定の要件を満たせば、特例として、その子会社に雇用されている労働者を親会社に雇用されていると見なして、実雇用率を算定することが可能になります。

特例子会社として認定されるための主な要件は次のとおりです。

◎親会社の要件

・親会社が当該子会社の意思決定機関を支配していること

意思決定機関とは株主総会などのことを指します。例えば子会社の議決権の過半数を有することなどがこの要件にあたります。

◎子会社の要件

・親会社との人的関係が緊密（親会社から役員が派遣されているなど）であること
・障害者が5人以上雇用され、全従業員に占める障害者の割合が20％以上であること
・雇用される障害者に占める重度身体障害者、知的障害者および精神障害者の割合が30％以上であること

・障害者のための施設の改善を行ったり、専任の指導員を配置したりするなど、雇用管理を適正に行うに足りる能力を有していること
・右記のほか、障害者の雇用促進および安定が確実に達成されると認められること

このような要件を満たし、申請が通れば、特例子会社として認定されます。

特例子会社を設立することによるメリットは、企業側と障害者側の双方にあります。どのようなメリットがあるのかを見てみましょう。

・障害の特性に配慮した仕事の確保や職場環境が整備しやすい
・障害者を受け入れるにあたっての設備投資を集中化できる
・親会社と異なる労働条件の設定が可能となるため、弾力的な雇用管理ができる

それぞれのメリットを具体的に見ていきましょう。

まずは一つ目の「障害の特性に配慮した仕事の確保や職場環境が整備しやすい」という点についてです。

障害のある人が複数の部署に配置されていると、各々の部署がそれぞれに教育やフォローアップを行わなければなりません。

この本で紹介してきたような、障害の特性を理解し、それに合ったコミュニケーション方法を学び実践していくというのは、とても大切なことです。しかし、人員に余裕がなかったり、繁忙期に入っていたりすると、障害のある人に対して適切な対応を取れるようになるための知識を身につける余裕がない場合もあるかもしれません。

しかし、障害のある人を配属することを前提とした特例子会社であれば、障害の特性に配慮した仕事の確保や職場環境の整備、フォローアップ等が適切に行われやすくなります。障害に関する知識を身につけた社員が配置されていれば、障害のある人も適切なサポートを得やすくなり、定着につながります。

次に、二つ目の「障害者を受け入れるにあたっての設備投資を集中化できる」という点について考えてみましょう。

身体障害者の人を複数名採用した場合、それぞれが物理的に離れた職場に配属になり、各々の職場の近くのトイレを車椅子でも利用できるように改善しなければならないというケースがあり得ます。そうでなくても、人事異動などにより、異動先の設備をリフォームしなければならないということもあるかもしれません。

しかし、特例子会社を設立し、物理的に近い場所で複数名の身体障害者の人が働くことになれば、障害に合わせた設備を設置するのは1カ所で済むことになり、設備投資を集中化できるメリットがあるというわけです。

また、感覚が過敏なために、オフィスにパーティションが必要だったり、イヤホンやイヤーマフなどが必要だったりする場合も、人の目を気にせずに利用することができます。

そして、三つ目の「親会社と異なる労働条件の設定が可能となるため、弾力的な雇用管理ができる」という点についてです。

例えば、障害のために疲れやすく、フルタイムでの勤務が難しいなどの場合に、子会社独自の制度を設計し、柔軟に対応することが可能になります。子会社内で独自の給与体系や人事評価制度をつくることもできるでしょう。

これらのメリットがあるため、特例子会社の設立によって企業側が掛ける労力や費用を少なくしつつ、障害のある人が無理なく能力を発揮しやすくなる可能性があります。

これまでは重度の障害によって一般企業で働くことが難しかった人の雇用を、特例子会社が推進していく可能性も秘めています。

ただ、特例子会社を設立したからといって、障害者雇用の問題が自動的に片づくわけではありません。継続的に経営・運営していくために、どのような事業を行い、どのような職種を用意するのかについては十分に考えなければなりません。

特例子会社制度の概要

〔特例子会社制度〕

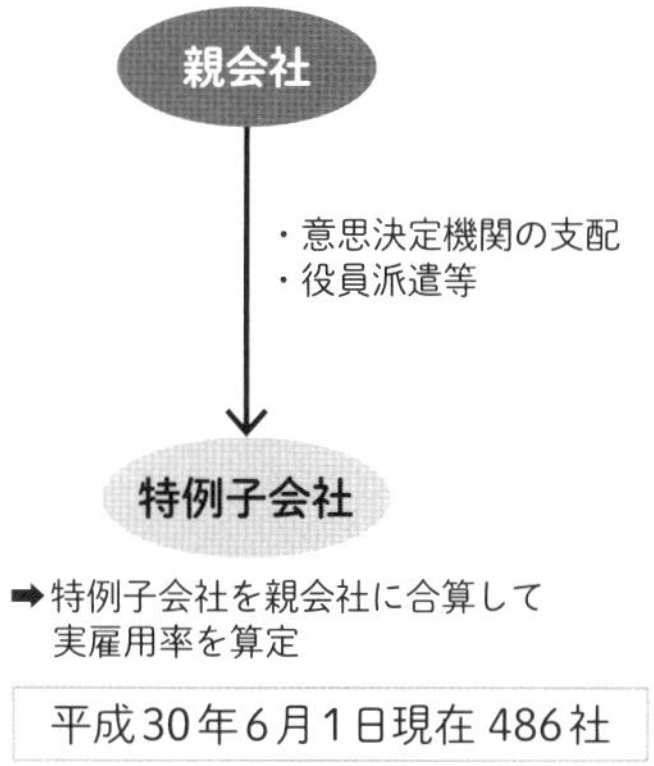

〔グループ適用〕（平成14年10月から施行）

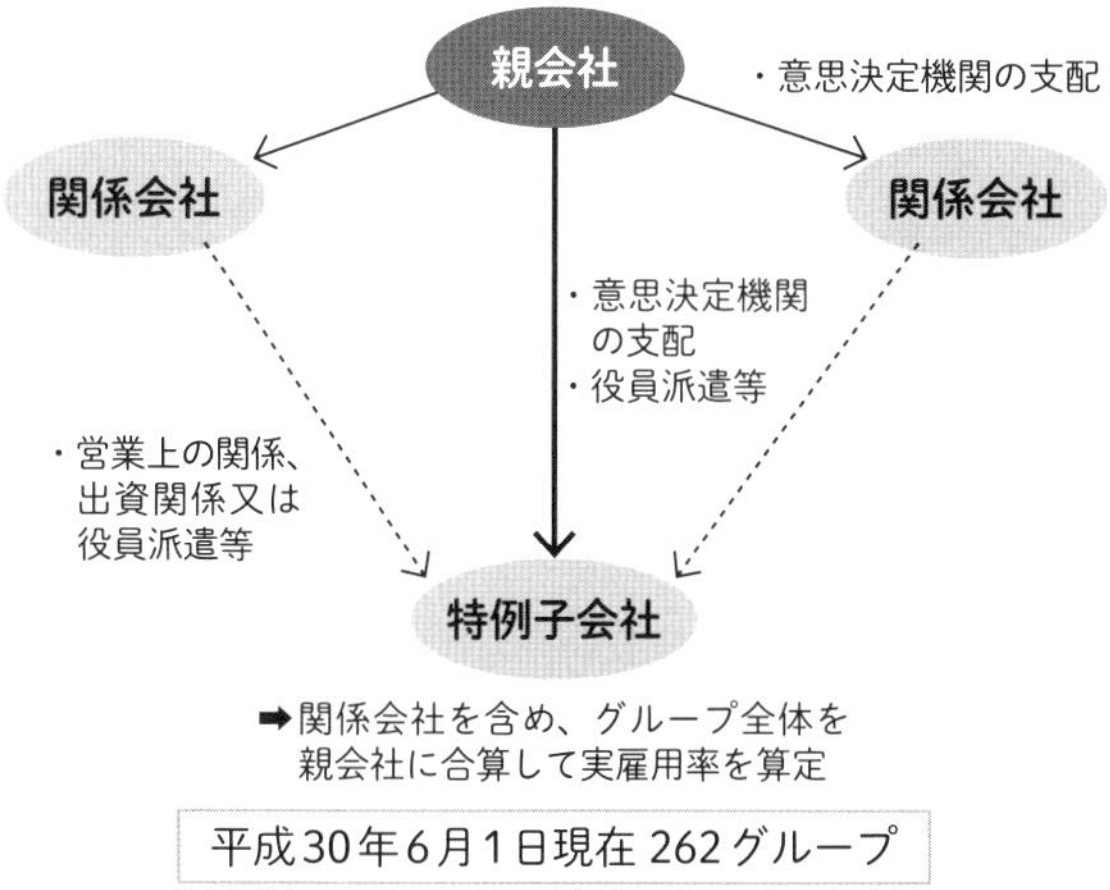

出典：厚生労働省「『特例子会社制度』の概要」

幼児期から就業まで切れ目のない支援から見えてくる課題

障害者の雇用についてここまで説明してきましたが、最初に説明したように僕の会社は、当初障害児を対象とした放課後等デイサービス事業から始まりました。

ここに通う障害児の将来や親の悩みに応える形で成人向けのサービスとして就労支援事業所を開始、そして卒業生たちの雇用問題に触れる中で自社採用も進めてきました。障害児の人生に正面から向き合い、フォローしたい。そうした思いと、障害者たちが能力を発揮し社会の役に立ちたいという思いが相乗効果を生み、事業を拡大させてきたのです。

その事業の内容は今では障害者に対し未就学児から成人の就労支援に至るまで、切れ目のない支援をしています。

未就学児については、「児童発達支援」があります。療育の観点から、集団療育・個別療育を行う必要があると市町村等に認められた未就学児への発達支援を行っています。

児童発達支援　てんてん

きずなはうす　ぷりも

児童・生徒については、「放課後等デイサービス」を行っています。心身に障害があったり、発達に特性があったりする児童・生徒が、放課後や学校がお休みの日に通う福祉サービスです。療育機能や、居場所としての機能を備えています。

また、フリースクールもあります。なんらかの理由で在籍校で過ごすことにつらさを感じている児童・生徒を対象として、自分のペースやスタイルで学べる学校です。初等部・中等部・高等部を設置しており、高等部については通信制代々木高校のサポート校になっています。

成人については、就労移行支援を行っています。一般就労等への移行に向けて、事業所内や企業における作業や実習、適性に合った職場探し、就労後の職場定着のための支援を行う福祉サービスを提供しています。

また、就労継続支援A型事業所として、現時点で一般企業への就職が不安であったり、困難であったりする、雇用契約に基づく就労が可能である人に対し、働きながら一般就労に必要な知識および能力の向上ができるよう、必要な訓練等を行っています。

きずな学園　LEGON Kids 都島

フリースクールきずな学園

このように、切れ目のない支援をしていく中で、見えてくる課題があります。

それは、物理的に離れた場所でそれぞれが支援を行っていると、同じグループの中でもスタッフ同士の連携が取りづらいということ。また、それぞれの支援を利用している人や保護者に、将来の姿が見えにくいということです。

同じグループ内ですらそうなのですから、運営しているのがまったく別の事業者の場合は、さらに分断されているということになります。

これを解決するために、僕がたどり着いたのが、それぞれの支援を同じビルに集めて、どのように成長していくかを目に見える形にするということです。そして、スタッフ同士が気軽に交流できるようにし、情報交換をすることで、本当の意味で切れ目のない支援の実現を目指します。

そのような環境を整えたうえで、子どもたちには「知識×知恵」の学びを、「座学×体験」という形で提供していきたいと考えています。

例えば、「お店屋さんごっこをしよう」というテーマで活動をすることを考えてみましょう。

「お店屋さんごっこ」という遊びの中には、さまざまな学びの要素が含まれています。原料をいくらで仕入れて、出来上がった商品をいくらで売るのか。どこで売るのか。利益が出るような値段で売るためには、どんな付加価値をつけるのか。そうやって考えていくと、さまざまな教科の要素が複合的に組み合わさった学びが可能です。

発達障害の子どもたちは、自分が興味のないことには見向きもしないのに、興味があることに関しては寝食を忘れて没頭するというケースが多くあります。

学校で、机に向かって先生が一方的に教えるというような形の学習は苦手だったとしても、みんなでお店をやるために必要なことを調べて学んでいくという形の学習には桁違いのパワーを発揮するのです。そういった学びを通して、将来の職業につながる適性を見いだすこともできるでしょう。

「就労」という部分だけを切り出して単独で考えるのではなく、長い目で見て、その人にはどんな特性があって、どんなことに興味があるかを判断していけると、就職先の企業にとっても、障害のある本人にとっても、幸せな障害者雇用になると思います。

きずなグループの事業内容
～入口から出口（自立）までをサポート～

未就学	6歳	未就学児童に合わせた運動・生活動作・療育支援
小学生	12歳	創作活動・生活動作訓練・コミュニケーション・療育支援
中学生	15歳	進学・就職に向けたコミュニケーション・アカデミックスキルの獲得
高校生	18歳	
大学生・一般		就労準備、就職活動支援、就労

障害者を「コスト」ではなく「戦力」にできる会社にするために

僕が障害者支援事業をすればするほど深まっていったのは、「『障害』って何やろ？」という疑問です。

「障害者」とされる人たちと「健常者」とされる人たちの間に、違いなんてあるのだろうか。

そういう目で世の中を見てみると、今の社会の仕組みで「障害者」とされている人は、その仕組みにフィットしない部分が「障害」とされているだけなのではないかということに気づかされます。興味のあることにしか集中できなかったり、五感が鋭敏過ぎたり、毎日会社に通うということ自体に難しさを感じていたり……。そういった尖った部分が「障害」とされているだけなのです。

自分が興味を持てないことでも、平均的なレベル以上でこなすことができる人たちが「健常者」と呼ばれ、自分が興味を持てないことには取り組めない人たちが「障害者」と呼ばれているという見方もできるのではないでしょうか。

ただ、そういった「障害者」と呼ばれる人の中には、興味のあることについて破格のパフォーマンスを見せる人がいます。

実際に、偉人として歴史に功績を残した人物の中には、発達障害ではないかとされる人も多くいます。

発明王として有名なエジソンは、一説では30分ほどの仮眠を1日数回、合計でも3時間ほどしか取らず、発明に没頭していたといいます。また、科学者の野口英世は、寝食を忘れて研究に没頭するために、アメリカ人の同僚から「トゥエンティーフォーマン（24時間男）」と呼ばれていたそうです。

彼らには、幸いにも彼らの才能を強く信じて守ってくれた母親がいたり、才能を伸ばすための教育を授けてくれた師に出会ったりしたことで、偉大な功績を残すことができました。

しかし、障害のある人がすべて、そのような環境に恵まれるとは限りません。幼少の頃から家庭内で虐待を受けていたり、学校でいじめにあって不登校になったりして、心に傷を負い、世間のいう「普通」とは違った道を歩むことになっている人も数多くいます。

せっかく突出した能力を持っているのに、これまでにおかれてきた環境のために心を閉ざし、才能を活かせないでいる。そういった逸材を企業が見つけ出し、「戦力」として活躍してもらうためには、どうしたら良いのでしょう。

まずは、自分の会社にどのような人材が欲しいのかをはっきりさせることです。一般雇用と同様、障害者雇用にもビジョンが不可欠です。採用側が「手の掛からない人」を探している限り、障害者雇用の本当の意味での成功は得られないでしょう。

そして、採用ができたら、その人の障害の特性について、周囲が正しい知識を得ることです。どんなことが苦手で、どんな配慮が必要なのか。コミュニケーションを取る時には、どのような方法が適しているのか。それらを学び、考えることによって、会社にはほかの社員たちにとっても、働きやすい環境ができていきます。これは障害者雇用のもたらすうれしい副産物だといえます。

また、障害者雇用では、短いスパンで結果を出そうとするのではなく、長い目で見ていくことも大切です。試行錯誤を繰り返しながら、障害のある人にとっても、受け入れる側にとってもちょうど良いバランスが取れた時、障害者は会社の戦力として力を発揮できる準備が整ったということになります。

環境と本人の適性がマッチすれば、障害とされてきた特性が強力な武器となって、会社にとって欠かせない戦力になることでしょう。僕は自分の会社で、そんな実例を幾度となく目にしてきました。

これからの時代、障害者を「コスト」ととらえること自体がリスクのある考え方です。これまでに自社にいなかった「戦力」を得るためにはどうしたら良いのか。それぞれの会社が真剣に考えて障害者雇用に乗り出した時、国際競争を勝ち抜いていくための頼もしい「戦力」を得ることができるはずです。

おわりに

「日本を再チャレンジに寛容な社会にしたい」

僕を動かす原動力となっている、強い思いです。

というのも、僕には空白の6年間があるからです。

空白の6年間――。

それは刑務所という高い塀の中で過ごした日々です。

その時経営していた会社も、個人の資産のほとんども、一瞬にして消えてなくなりました。友達だと思っていたのに離れていった人間もいます。

「死にたいな……」

そんな思いにとらわれたこともありました。それでも、死ぬ勇気はなく、かといって何をする気も起きないような無気力な状態に陥っていました。

塀の中での最初の3年間は、感情の矛先が他人に向かっていて、とにかく苦しい日々でした。

今自分がおかれている状況が何もかも人のせいに思えて、強烈な怒りが込み上げてきました。やり場のない怒りがどろどろと自分の中で渦巻くようでした。

ところが、時の経過とともに、自分の中に変化が生まれました。

自分自身と向き合い、内省するようになっていったのです。

周りの人を幸せにしたかっただけなのに、なぜこんなことになってしまったのだろう。

今までやってきたのは、自分と自分の周囲にだけ役に立つ仕事だったのかもしれない……。

自分がやっていたのは、誰の役に立つのかが見えない仕事だったのではないだろうか。

そう突き詰めて考えていくうちに、一つの考えにたどり着きました。

自分の事業に欠けていたのは「社会性」なのではないか。

目の前の人を幸せにしたい。一緒に働く人に幸せになってほしい。その思いから、僕は「人」を大切にしてきました。

そして、自分や周りの人が豊かになるため、いかに利益を上げるかを徹底的に考えて実践した結果、会社は短期間で急成長を遂げました。20代で普通は手にすることができない大金も手にしました。「事業性」は十分にあったということになります。

ただ、自分たちのやっていた仕事は、自分や周りの人が幸せになっただけで、その陰で不幸になっていた人たちもいた。社会の役には立っていなかった……。「社会性」が欠けていたために、法律に触れる結果となってしまったのではないか。それが僕のたどり着いた答えでした。

僕が刑務所から出た時、僕を迎えに来てくれた仲間がいました。そして、どうしても一緒に働きたい。そういってくれたのです。

離れていった人もいましたが、こうして待っていてくれて、一緒に仕事をしようといってくれる仲間がいるというのはありがたいことでした。多くのものを失った時、自分に残されていたのは仲間とのかけがえのない「絆」でした。

こうして、２０１２年1月11日、不安いっぱいの中で新しく立ち上げた会社が、現在の「絆ホールディングス」です。

その時、二度と法律に触れることにならないようにと、固く心に誓いました。そして「事業性」だけを追い求めて失敗した経験から、やる仕事は必ず「事業性」と「社会性」を併せ持ったことだけにしよう。そう考えたのです。

しかし、再スタートにあたって、新しいチャレンジをしようとすればするほど、僕の前にさまざまな壁が現れました。

幸い僕の場合は、家族や仲間の助けを得て、今にたどり着くことができました。しかし、身をもって痛感したのは、日本という国が一度失敗した人間に対して厳しい社会であるということです。

これは障害者雇用に関しても同様のことがいえるのではないでしょうか。

例えば、発達障害などによって、子どもの頃に不登校になってしまった人が、一念発起して社会に出ようとした時のハードルは非常に高くなります。

学歴がなく、職歴もなく、障害があるとなると、どんなに突出した能力を持っていても、自らが望む会社に入社することは困難を極めます。

もし就職できたとしても、会社になじんで能力を発揮するまでには、いくつものハードルをクリアしなければならないでしょう。

しかし、世界を見渡してみれば、小学校しか卒業していないのに歴史に残る発見をした天才もいれば、学校を中退して自宅のガレージで起業して、世界中で愛される商品を生み出した実業家もいます。

再チャレンジを阻まれて輝けずにいる才能が、日本にはまだまだたくさん眠っているはずです。そんな人たちが挑戦する機会を得られる社会をつくりたい。そのためには、まず身近なところから変えていこうという思いで、僕の会社は今では１００人もの障害のある人が活躍できる会社となりました。

また、児童の福祉事業を手掛ける中で、たくさんの児童の親御さんが抱える「うちの子は自立できるのだろうか」という不安を、絆ホールディングスが解消していきたいと考えています。

この本で紹介してきたように、現在の日本において、障害者を雇用し、雇用した人たちが定着して活躍しているということは、決して当たり前のことではありません。世の中には、障害者雇用に失敗する企業のなんと多いことでしょう。障害者雇用に失敗するということは、多様性を受け入れて変容できなかったということです。

障害のある人の中には、何かに特化している部分を持っている逸材がたくさんいます。自分の好きなことや興味のあることに関して博士のように深い知識を持っている人もいます。そういう人材が輝ける事業をつくるのが、会社の役割なのではないかと僕は考えています。

これからの時代を生き残っていける会社は、多様な人材が、それぞれの得意なことや好きなことを活かして働ける会社でしょう。

障害者雇用をきっかけに、会社側が変わるべき時がきているのではないでしょうか。

障害者が働きやすい会社は、すべての社員にとって働きやすい会社であることはこの本で述べてきたとおりです。

これまでの会社の歩みを通して僕が確信しているのは、障害者は「リスク」ではなく「戦力」であるということです。

僕の会社では、障害の有無にかかわらず、社員が自分に合った仕事に就き、力を最大限に発揮して活躍することで、右肩上がりの成長が続いています。

だからといって、会社を立ち上げてからずっと順風満帆だったわけではありません。いくつもの壁にぶつかり、道半ばで会社を畳もうかと本気で考えたこともあります。

それでも諦めずにやってこられたのは、僕の会社の福祉施設で社会に出ようと日々頑張っている人たちの存在です。

今この事業をやめたら、この人たちの居場所がなくなってしまう。せっかくチャレンジしようとしている人から機会を奪うことになってしまう。そう考えたら、どんなに自分がしんどくても、途中で事業をやめるわけにはいきませんでした。

僕は1日に3回、福祉施設の利用者の人たちと話をしていますが、悩みを抱えて暗い顔をしていた人が、自分と話しているうちに、晴々とした笑顔になって帰っていくのを見ると、この事業をやっていてよかったと心の底から感じます。

僕の会社の運営する福祉施設はさまざまな人に利用されており、それぞれの抱えている事情や障害は実に多様です。

最初は自分自身のことを一切話してくれない人もいます。

中には、育ってきた環境や障害によって、自尊心を深く傷つけられ、自己肯定感が低く、人から褒められても何か裏があるのではないかと考えてしまう人も少なくありません。それでも、支援をすることで、少しずつ自信を取り戻し、本来の力を発揮できるようになっていきます。

その姿を見ていると、障害のある人の可能性を強く感じます。

それと同時に沸き起こるのが、

「『障害』って何やろ？」

という疑問でした。

この本をまとめていく中で見えてきたのは、現在の社会の枠組みにそぐわないものが「障害」とされているに過ぎないということです。

自分の興味の持てないことでもコツコツ取り組める人が「健常者」とされ、自分の興味が持てないことに取り組めないという一面のみによって「障害者」とされてしまうのは本人にとっても社会にとっても損失です。画一的な視点のために、本当は自分の興味のあることに桁はずれのパワーを発揮できるという面を見落としてはなりません。

本文で触れた特例子会社の立ち上げに向け動いている社員の一人は、毎日決まった時間に会社に通うというのが性に合わず、今までにいわゆる「会社勤め」というものをしたことがありません。そして、興味のないことには見向きもしません。しかし、一度興味を持ち、やると決めたら、ほかの人には到底まねできないような飛び抜けた活躍を見せます。

また、一人ひとりの人間に真摯に向き合い、それぞれの人に合ったアプローチをすることに長けています。今回の特例子会社を立ち上げるという計画も、彼がいなければ実行に移せなかったでしょう。

彼をはじめとし、僕の会社の社員たちは、障害のある人を「障害者」としてお客さま扱いするのではなく、一人の人間として接し、その能力が無理なく発揮できるように一緒に考えていきます。

その姿を見守りながら思い出すのは、まだ幼かった自分自身を支援してくれた大人たちのことです。

僕は高校に進学することなく家を出て、建築現場で働きながら生計を立てていました。周りの大人の中には、面白半分に身の上話を聞きたがる人もいました。一般論を振りかざして、説教をしてくる人もいました。その一方で、親身になって支えてくれる大人がいました。

そんな大人たちのように、自分自身も他人の再チャレンジを支援できる存在でありたいと常に思っています。一度大きな失敗を経験した人は、その経験から身をもって多くを学び、他者の失敗に関しても寛容です。


失敗しても、再チャレンジができる社会。

自分の能力を発揮して輝ける社会。


僕が望むのはそんな社会の実現です。


そして、その実現のために、絆ホールディングスがあるのです。

絆ホールディングスは、僕にたくさんの経験や出会いを与えてくれる会社です。

仕事を通じて、今まで出会うことのなかったたくさんの人たちと出会うことができました。また、日々のトラブルやアクシデントに立ち向かっていくことで、問題を解決する力を身につけることもできました。

２０１４年には、絆ホールディングスを通じて妻の聡実にも出会い、結婚することができました。

僕はほかの人たちにも、僕と同じように、絆ホールディングスで居場所や出会い、経験など、かけがえのないものをたくさん手に入れてもらいたいと思っています。

絆ホールディングスという船にはいろいろな人が乗っています。

利用者、スタッフ、役員……。

そういった人たちと一緒にいろいろな経験を重ね、ともに成長していきたい。そう僕は思っています。

能力の有無は関係ありません。どう生きたいかが明確にあり、そのために働いている人は、すべてを学びに変えます。

僕が大切にしている「事業性」と「社会性」の両立は、さまざまな「人」がいなければ成り立たない。いわば、会社はたくさんの「人」の集合体なのです。

だからこそ「人」を大切にする会社が、絆ホールディングスです。

幸せになりたい。
幸せにしたい。
大切な人を守りたい。
そんなシンプルな思いが、僕のエネルギーです。

僕は絆ホールディングスを、社会の課題を一つ解決した時にともに成長する、そんな会社にしたいと思っています。

きれい事をいう経営者はたくさんいますが、僕は絆ホールディングスが、世の中を良くして、大切な人を幸せにすると本気で信じて闘っています。障害者雇用がその第一歩となり、この本がその後押しをする存在となれば幸いです。僕たちと理念を同じくする会社と出会い、ともにそんな社会を実現していきたいというのが、今の僕の願いです。

今の僕があるのは、あの空白の6年があったからこそだと思います。だから、僕はこれからも初心を忘れず、利己的にならず、利他の気持ちを持ち続けます。

こんな僕ですが、これからもどうぞよろしくお願いいたします。

最後になりましたが、本の出版にあたりご協力いただいた幻冬舎メディアコンサルティングの皆さん、そして絆ホールディングスのスタッフに、心から感謝申し上げます。

２０２１年４月

吉田昭元

著者プロフィール

吉田昭元（よしだ あきひろ）

株式会社絆ホールディングス代表取締役
企業の人材育成業を営んでいた際、顧客の運営する放課後等デイサービス事業所に接し、その社会的意義を感じる。その後、2012年に株式会社絆ホールディングスを設立し、自らも児童福祉法に基づく障害児支援の放課後等デイサービス事業に参入。「（社会性＋事業性）×人」という理念を掲げ、大阪市内に複数の児童発達支援・放課後等デイサービス事業所を開所。2016年以降は障害者総合支援法に基づく就労支援事業も手掛ける。さらに、2018年には小学生から高校生までが通えるフリースクールを開設。障害者に対し、幼児期から就業に至るまでの切れ目のない支援を行う。また現在は、2020年4月の雇用率強化政策（改正障害者雇用促進法）に伴い、企業と障害者をつなぐ事業を進めている。

本書についての
ご意見・ご感想はコチラ

社員の２人に１人
わが社の主戦力は障害者

2021年4月26日　第１刷発行

著　者　　吉田昭元
発行人　　久保田貴幸

発行元　　株式会社 幻冬舎メディアコンサルティング
〒151-0051　東京都渋谷区千駄ヶ谷4-9-7
電話　03-5411-6440（編集）

発売元　　株式会社 幻冬舎
〒151-0051　東京都渋谷区千駄ヶ谷4-9-7
電話　03-5411-6222（営業）

印刷・製本　瞬報社写真印刷株式会社
装　丁　　麻生 禅
装　画　　赤倉綾香（ソラクモ制作室）

検印廃止

Printed in Japan
ISBN 978-4-344-93243-2 C0034
幻冬舎メディアコンサルティングＨＰ
http://www.gentosha-mc.com/